KB189871

교회에 관한 오해와 진실

개정판

교회에 관한 오해와 진실 개정판

발행일 2021년 9월 17일

지은이 이병하
펴낸이 손형국
펴낸곳 (주)북랩
편집인 선일영 편집 정두철, 배진용, 김현아, 박준, 장하영
디자인 이현수, 김민하, 한수희, 김윤주, 허지혜 제작 박기성, 황동현, 구성우, 권태련
마케팅 김회란, 박진관
출판등록 2004. 12. 1(제2012-000051호)
주소 서울특별시 금천구 가산디지털 1로 168, 우림라이온스밸리 B동 B113~114호, C동 B101호
홈페이지 www.book.co.kr
전화번호 (02)2026-5777 팩스 (02)2026-5747

ISBN 979-11-6539-982-5 03230 (종이책) 979-11-6539-983-2 05230 (전자책)

개정판

기독교인이 반드시 알아야 할
성경 중심 교회론

교회에 관한 오해와 진실

이병하 지음

북랩 book Lab

머리말

기독교인들이 믿지 않는 사람들로부터 자주 듣는 냉소적인 질문들 중 하나는 "똑같은 하나님을 믿으면서 교회의 종류는 왜 그렇게 많으냐?"는 것이다. 그들의 말마따나 오늘날 세상에는 수많은 종류의 교회가 있다. 사람들이 많이 거주하는 도시뿐만 아니라 읍이나 면 단위의 시골에 가봐도 천주교, 장로교, 감리교, 성결교, 침례교, 순복음교, 안식교, 몰몬교, 여호와의 증인 등과 같은 다양한 교단의 교회들을 쉽게 찾을 수 있다.

세상에 있는 대부분의 교회들은 동일한 하나님과 그의 아들 예수 그리스도를 믿고, 동일한 성경을 하나님의 말씀으로 여기고 있으며, 또 예수님께서 십자가에서 이루신 동일한 복음을 전하고 있는 것처럼 보인다. 그런데 왜 그들은 서로 하나가 되지 못하고 각각 분리되어 있으며, 심지어 교회끼리 서로 대립하거나 대적하고 있는 것일까?

더욱 아이러니한 점은 그들 대부분은 자신들이 속한 교회나 교단이 가장 성경적인 교회의 모습이라고 믿고 있다는 사실이다. 그래서 다른 교회나 교단에 대한 상대적인 우월감을 가지고 있는 경우가 많고, 심지어 자기네 교단이 유일한 참된 교회이며 다른 교회나 교단은 모두 잘못된 교회라고 여기는 이들도 있다. 다른 교회나 교단에 배타적이건 포용적이건 간에, 서로 다른 그들 모두가 자신들이야말로 참된 교회 혹은 가장 성경적인 교회라고 자부하고 있다는 것은 정말 모순이 아닐 수 없다.

여러분이 속해 있는 교회나 교단은 어떠한가? 하나님께서도 여러분이 속해 있는 교회를 참된 교회 혹은 가장 성경적인 교회라고 인정해주실까? 성경에서 말하는 참된 교회는 어떤 모습일까? 우리는 과연 성경적으로 올바른 교회의 모습을 분별할 수 있는 분별력을 가지고 있을까?

특정 교회나 교단에 소속된 기독교인들에겐 또 하나의 풀기 어려운 딜레마가 있다. 목회자들은 가끔씩 "교회는 머리 되신 그리스도의 몸"(엡 1:23)이라고 말하면서 교회의 신성함을 강조한다. 그래서 교회가 하고 있는 모든 일도 주님의 하시는 일이라며, 교회의 모든 일에 순응하고 헌신하는 것이 당연하다는 식으로 가르친다. 특히 목회자들을 신뢰하고 그들에게 순종하는 것을 성숙한 그리스도인의 마땅한 태도인 것처럼 가르치는 경우도 많다.

그런데 교인들 입장에서는 목회자들의 말에 항상 순종하는 것이 과연 옳은 것인지 고민하게 될 때가 많다. 예를 들어 교회가 옳지 않은 방향으로 흘러가고 있거나 목회자들의 비리나 부도덕한 행위가 드러나게 될 경우, 분명히 잘못된 것이라는 사실을 알면서도, 교회는 신성한 그리스도의 몸과 같은 존재이며 목회자는 순종의 대상이라는 고정관념 때문에 감히 아무 말도 하지 못하고 속으로만 끙끙 앓는 경우가 대부분이다. 과연 도덕적, 교리적으로 삐뚤어진 목회자에게 무조건적으로 순종하는 것이 성도의 마땅한 태도일까? 아니면 목사님이 틀렸다고 지적이라도 해야 옳은 것일까?

교회를 다니는 사람들 가운데는 처음부터 잘못된 교회, 즉 가짜 교회에 속아서 거듭나지도 못한 채, 하나의 종교인으로 살아가면서 오히려 영원한 생명과 멀어지는 길로 향하는 경우도 있다. 거듭난 그리스도인들 중에서도 목회자들의 잘못된 가르침에 속아서 신앙생활에 지장을 받거나 심지어 믿음을 포기하는 경우도 적지 않다. 이처럼 교회라는 존재는 개인의 신앙생활에 큰 영향을 끼친다. 그렇기 때문에 올바른 교회관은 모든 그리스도인에게 필수라고 할 수 있다.

그러나 기독교인들의 실상을 보면 교회에 관한 올바른 지식과 분별력이 없는 경우가 훨씬 더 많다. 그 이유는 대부분의 그리스도인들은 자신들이 속한 교회가 가장 올바른 교회라고 믿는 경우가 많아서, 교회관에 있어서도 자신들이 속한 교회에서 가르치는 대로 믿어버리기 때문인 것 같다.

사실 잘 생각해보면 각 교회의 목회자가 오직 성경적인 기준으로 객관적인 교회관을 가르친다는 것은 결코 쉽지 않은 일이다. 왜냐하면 그가 가르치는 교회관이 자기 교회의 모습과 부합하지 않으면 교인들로부터 신뢰를 받을 수 없기 때문에, 대부분의 목회자들은 아전인수(我田引水)식으로 자신들의 교회의 모습에 참된 교회의 모습을 끼워 맞추려고 할 것이기 때문이다. 실제로 많은 교단과 교회들은 이미 그런 식으로 교회를 가르치고 있고, 또 그렇게 가르칠 수밖에 없을 것이다. 그래서 대부분의 교인들은 교회에 대한 올바른 분별을 하지 못한 채 잘못된 교회와 잘못된 목회자들에게 속아서 그냥 따라 가는 것 같다.

교회와 관련된 이 같은 고민들에 모든 기독교인들이 관심을 가지고 있는 것 같지는 않다. 자기가 속해 있는 교단이나 교회가 무조건 옳다고 믿는 사람들이나 소속 교회에서 주어진 직분이나 인간관계, 여러 가지 교회 활동에 이미 만족하는 교인들은 이런 주제에는 관심이 없을 수도 있다. 그러나 올바른 교회를 찾기 위해 간절한 마음으로 기도해본 적이 있는 사람이라면 올바른 가르침이 있는 참된 교회를 만나는 것이 얼마나 중요한

지 절감할 수 있을 것이다.

하나님의 모든 말씀이 살아 움직이는 한 교회에 관한 진실도 여전히 살아 있고, 그 진실에 바탕을 둔 참된 교회도 분명히 있을 것이다. 반대로 참된 교회와 모습이 비슷하기는 하나 실상은 다른 길을 가고 있는 가짜 교회는 더 많을지도 모른다. 그래서 우리에겐 참된 교회를 분별할 수 있는 분별력이 더욱 필요하다고 할 수 있다.

교회에 관한 대부분의 오해들은 교회의 개념이 제대로 정립되지 않았기 때문에 생겨나는 경우가 많다. 그래서 교회에 관한 개념부터 정리하고, 또 교회와 관련된 왜곡된 일부의 교리들을 교정하기 위하여 기도하는 가운데 최선을 다하여 집필하게 되었다. 아무쪼록 교회에 관한 올바른 교훈을 얻고자 하는 분들에게 조금이라도 도움이 될 수 있기를 간절히 바란다.

끝으로 본인의 저서들을 읽고 공감과 격려를 아끼지 않으시고 지나치기 쉬웠던 실수들까지 섬세한 눈으로 바로잡아주신 익명의 자매님께 특별히 감사를 표한다. 본 개정판에도 큰 도움이 되었다.

2021. 8. 29.

이병하

“예수께서 가라사대 너희가 성경도 하나님의 능력도 알지 못하므로 오해 함이 아니냐”

(막 12:24)

차 례

"만일 내가 지체하면 너로 하여금 하나님의 집에서 어떻게 행하여야 할 지를 알게 하려 함이니 이 집은 살아 계신 하나님의 교회요 진리의 기둥과 터니라"

(딤전 3:15)

1장.

잘못된 교회에 속는 교인들

참된 교회는?

하나님께서 주인이신 교회

하나님의 자녀들이 모인 교회

하나님의 뜻을 이루는 교회

사람의 교회

참된 교회는?

필자가 필리핀의 북부 루존(Luzon)에 있는 바기오(Bagio)라는 곳을 혼자 여행할 때의 일이다. 일반 교회당과는 다르게 보이는 한 건물에 한자(漢字)로 '**敎會'라고 쓰여 있는 것을 우연히 발견했다. 아마 중국인과 현지인이 함께 모이는 교회인 것 같았다. 단순한 호기심으로 그곳에 있던 한 사람에게 "여기가 교회입니까?"라고 묻자, 그 사람 옆에 있던 한 현지인 어린아이가 "이 건물이 교회가 아니라 우리가 바로 교회입니다."라고 대답했다. 필자의 단순한 질문에 뜻밖의 심오한 대답이 되돌아왔다. 그 아이는 아마도 그 교회에서 교회에 대하여 배운 지식을 자랑하고 싶었던 것 같다. 그런 그 아이의 태도가 다소 당돌해 보이기도 했지만 한편으로는 기특하기도 해서 나도 모르게 미소를 지었던 적이 있다.

교회…, 여러분들이라면 '교회'를 어떻게 설명할 수 있겠는가? 교회(敎會)를 한자로 풀어보면 '교(敎)'자는 '기독교'를 의미하고

'회(會)'자는 '모임'을 의미한다. 그래서 '교회'는 간단하게 '기독교도들의 모임' 정도라고 할 수 있을 것이다. 우리나라에서도 초창기에는 '교회'라고 하면 거의 '교회당'과 같은 장소적인 개념으로 받아들여지기도 했었던 것 같다. 불교에는 절이나 사찰이 있고 유교에는 향교나 사당이 있듯이 기독교도들에게도 그들만이 모일 수 있는 장소인 교회당이라는 것이 있어서, 교회란 곧 '기독교인들이 모이는 장소'쯤으로 여겨졌다.

이처럼 교회를 장소의 개념으로 이해한다고 해서 완전히 틀렸다고도 할 수 없다. 성경에도 간혹 교회를 장소의 개념으로 사용하고 있는 곳도 있기 때문이다(고전 4:17, 11:18). 그러나 성경은 교회를 인격으로 더 많이 다루고 있다(마 18:17, 행 5:11, 8:3, 16:5…). 여기서 우리는 교회가 살아 있는 인격체임을 알 수 있다. 그래서 요즘엔 주일학교 어린이들도 교회가 장소나 건물 같은 유형적인 것이 아니라 '기독교인들 자체' 혹은 '기독교인들의 모임'을 의미하는 무형적인 것이라는 정도는 알고 있다.

그렇다면 기독교인들이 모인 곳마다 모두 참된 교회라고 할 수 있을까? 그리고 교회를 다니고 있는 기독교인들이라면 누구나 참된 그리스도인들이라고 할 수 있을까? 참된 교회나 참된 그리스도인을 구분해내려는 시도 자체를 못마땅하게 생각하는 사람들도 있을 수 있을 것이다. 그러나 예수님께서도 '좋은 나무와 나쁜 나무'와 같은 비유 등을 통해서 제자들에게 분별을 요구하셨던 것처럼 참과 거짓을 구분하는 것은 진리를 갈구하는 사람들에겐 피할 수 없는 과정이다. 그리고 참된 교회를 찾는 것은 마치 어린 양이 이리의 노략을 피해 보호받을 수 있는 참된 목자와 그가 이끄는 양떼를 찾는 것처럼 그리스도인들에겐 영적인 생사가 달린 매우 중요한 문제이기 때문에, 어찌 보면 필수적인 과정이라고 할 수 있다.

그러면 참된 교회는 어떻게 구별해낼 수 있을까? 이를 위해선 우선 사도 바울이 자주 사용했던 '하나님의 교회'라는 표현에 대해서 알아야 할 필요가 있다.

> (고전 1:2) "고린도에 있는 하나님의 교회 곧 그리스도 예수 안에서 거룩하여지고 성도라 부르심을 입은 자들과 또 각처에서 우리의 주 곧 저희와 우리의 주 되신 예수 그리스도의 이름을 부르는 모든 자들에게"

바울은 고린도 성도들에게 보내는 편지의 인사말에서 고린도 교회를 '하나님의 교회'라고 했다. 본절 외에도 신약성경에는 '하나님의 교회'라는 표현이 8차례 더 등장한다(고전 10:32;11:22;15:9, 고후 1:1, 갈 1:13, 살전 2:14, 딤전 3:5;3:15). 모두 바울이 사용한 표현이었다. 아마 바울은 참된 교회는 '하나님의 교회'여야 한다고 믿고 있었던 것 같다. 그래서 그는 그냥 '교회'라고 해도 될 것을 굳이 '하나님의 교회'라고 했던 것이다. 그런데 '하나님의 교회'라는 표현은 바울이 그냥 만들어낸 것이 아니라, 구약성경에 뿌리를 둔 표현이었다. 예를 들면 모세는 이스라엘 백성들을 지칭할 때 '여호와의 총회' 혹은 '여호와의 회중'이라고 불렀다(민 16:3, 20:4, 27:17, 31:16, 신 23:1-8…). 물론 모세 말고도 다른 구약성경의 기자들도 이 같은 표현을 사용했다(수 22:17, 대상 28:8, 미 2:5…).

어쨌든 구약성경에서는 이스라엘 백성들을 지칭할 때 그냥 '총회' 혹은 그냥 '회중'이라 하지 않고, 대부분의 경우 그 앞에 '여호와의'라는 수식어를 붙여 사용했다. 그 이유는 그들이 여호와께 선택받은 특별한 민족임을 강조하고 싶었기 때문으로 보인다. 구약성경에 능했던 바울은 '여호와의 총회' 혹은 '여호와의 회중'이라는 성경적 표현에 익숙했고, 구약 시대의 선민인 이스라엘 백성들이 교회의 그림자라는 것도 잘 알고 있었다. 그래서 구약 시대에 이스라엘 민족이 하나님께서 선택하신 유일한 민족이었던 것처럼, 하나님의 교회 역시 세상에 하나밖에 없는 유일한 무리라는 사실을 강조하고자 함이 그의 첫 번째 의도라고 보인다. 그리고 여호와의 총회는 원한다고 해서 아무나 들어올 수 있는 곳이 아닌 신성하고 특별한 여호와의 무리였던 것처럼, 하나님의 교회가 그와 같은 신성하고 특별한 하나님의 무리임을 강조하고 싶었던 것이 두 번째 의도로 보인다.

참고로, 신명기 23장 1~8절에는 여호와의 총회에 들어올 수 없는 자들을 구체적으로 명시하고 있다. 즉 신체적인 결함, 사생자, 외국인 등 다양한 결격 사유가 함께 제시되고 있다. 이와 같은 것들은 하나님 앞에서 완전히 의롭게 되지 못하면 결코 하나님의 교회의 일원이 될 수 없다는 것의 그림자로 볼 수 있다.

결국 바울은 '하나님의 교회'라는 표현을 사용함으로써 신약 시대의 '교회'가 구약 시대의 '여호와의 총회'처럼 이 세상에 유일하고 신성한 무리임을 강조하고 싶었던 것 같다. 이 같은 의도는 바울의 서신서뿐만 아니라 누가(Luke)가 기록한 사도행전에서도 찾아볼 수 있다.

(행 7:38) "시내 산에서 말하던 그 천사와 우리 조상들과 함께 광야 교회에 있었고 또 살아 있는 말씀을 받아 우리에게 주던 자가 이 사람이라"

누가도 구약 시대에는 완성된 교회의 개념이 없었다는 사실을 잘 알고 있었을 것이다. 그럼에도 불구하고 그는 모세의 인도로 광야 생활을 해야 했던 이스라엘 회중을 의도적으로 '광야 교회(εκκλησια, 에클레시아)'로 표현했다. 이는 누가도 바울처럼 구약 시대의 '여호와의 총회'와 신약 시대의 '교회'가 각각 그림자와 실체로서 그 맥이 이어져 있음을 잘 알고 있었기 때문에, 그점을 강조하고 싶었던 것으로 보인다.

세상에는 하나님의 이름을 부르는 교회들이 넘쳐난다. 그런데 겉으로는 모두 교회처럼 보일지 모르지만 "주여, 주여" 하는 자마다 다 하나님의 자녀라고 할 수 없듯이 "주여, 주여" 외치는 곳마다 다 참된 교회라고 할 수 없는 것은 당연한 이치다. 어쩌면 세상에는 가짜 그리스도인들을 양산하는 가짜 교회들이 훨씬 더 많을지도 모른다. 그래서 바울이 의도적으로 사용한 '하나님의 교회'라는 표현이 참된 교회를 찾게 해줄 중요한 실마리가 될 수 있다. 왜냐면 참된 교회는 구약 시대의 '여호와의 총회'처럼 오직 '하나님의 교회'여야 하기 때문이다.

그래서 그런지 오늘날엔 '하나님의 교회'라는 표현을 아예 자기네 교단 이름에 사용하는 곳도 여럿 생겼다. 자신들의 교단이야말로 하나님의 교회라고 믿고 또 자부하기 때문에 그런 이름을 사용했는지는 모르겠지만, 적어도 그들은 성경에서 말하고 있는 진정한 교회는 하나님의 교회여야 한다는 사실은 알고 있는 모양이다. 그러나 교회 명칭을 '하나님의 교회'라고 사용한다는 것과 실제로 진정한 하나님의 교회가 된다는 것은 전혀 다른 문제이다. 어쩌면 그들의 기대와는 달리 그들 역시 하나의 가짜 교회일지도 모른다.

자, 이제 성경에서 말하는 '하나님의 교회'란 어떤 교회이며 어떤 모습이어야 하는지 그 기본적인 조건들을 구체적으로 하나씩 따져봄으로써 참된 교회의 모습을 함께 그려보도록 하자.

하나님께서 주인이신 교회

진정한 하나님의 교회가 되기 위해 가장 우선적으로 요구되는 첫 번째 조건은 '하나님께서 주인이신 교회여야 한다'는 것이다. '하나님의 교회'라는 말을 문자 그대로 해석하면 '하나님의 소유의 교회'이다. 진정한 하나님의 교회는 하나님께서 자기 피로 사셔서 그 소유권을 확실히 하신 교회이다. 그래서 교회의 소유권이 누구에게 있는지를 확인해보면 그 교회가 하나님의 교회인지 아닌지를 분명하게 알 수 있다.

> (행 20:28) "여러분은 자기를 위하여 또는 온 양떼를 위하여 삼가라 성령이 그들 가운데 여러분을 감독자로 삼고 하나님이 자기 피로 사신 교회를 보살피게 하셨느니라"

본절은 사도 바울이 에베소 교회의 장로들에게 교회를 부탁하면서 유언처럼 했던 말이다. 여기서 바울은 교회를 하나님께서 자기 피로 사셨다고 표현하고 있다. 바울은 "하나님이 자기 피"와 같은 강한 표현들을 통해서 교회를 위해 얼마나 고귀한 희생이 치러졌는지, 그리고 그 교회가 얼마나 소중한 존재인지를 강조함과 동시에 '샀다'라는 표현을 통해서 교회가 하나님의 소유가 되었다는 사실을 강조하고 있다. 여기서 '하나님의 자기 피'란 십자가에서 흘리신 '예수님의 피'를 말한다. 이는 곧 예수님의 피로써 모든 세상 사람들의 죄 값을 치르고 교회를 사셨다는 것을 의미한다.

그렇다고 해서 모든 세상 사람들이 하나님의 교회의 구성원이라는 말은 아니다. 예수님은 분명히 모든 세상 사람들을 위하여 피를 흘리셨지만, 세상 사람들 중에는 자기들의 죄 값을 치르기 위해 흘리신 예수님의 피의 가치를 알고 예수님을 받아들이는 사람이 있고(요 19:35), 반대로 그것을 업신여기는 사람들이 있기 때문이다(히 10:29). 예수님의 희생을 통한 하나님의 사랑을 받아들이지 않는 이들은 결코 '하나님이 자기 피로 사신 교회'의 일원이 될 수 없다(이에 관해서는 뒷부분에서 좀 더 구체적으로 다시 다루겠다).

그래서 '하나님께서 자기 피로 사신 교회'의 의미를 우선 간단히 정리하자면, '예수님의 희생을 통한 죄 사함을 깨닫고 예수님을 믿어 거룩케 된 무리들'이라고 할 수 있다. 그리고 그 교회의 소유권은 반드시 하나님께만 있어야 한다.

앞서 예를 든 고린도 교회를 사도 바울은 '하나님의 교회'라고 불렀다(고전 1:2). 이것은 고린도 교회, 즉 고린도 지역에 거하고 있는 거듭난 그리스도인들을 의미하며 그 무리의 주인이 바로 하나님이시라는 뜻이다. 고린도 교회뿐만 아니라 당시의 많은 다른 지역의 교회들도 하나님의 교회로 불렸다. 설사 그 교회들이 지리적으로 따로 있어서 서로 교류가 많지 않거나 없었을 수도 있지만, 분명한 것은 그들 모두는 하나님께서 주인이신 하나님의 교회들이었다는 사실이다.

그런데 만일 어떤 사람이 어떤 교회의 소유권을 주장하고 또 교인들도 그것을 인정한다면, 그 교회도 하나님의 교회라고 할 수 있을까? 결론부터 말하면, 그 교회는 하나님의 교회가 아니라 '사람의 교회'일 가능성이 크다. 예를 들어 어떤 목회자나 장로가 자기의 희생과 투자로 교회당을 세우고 또 자기의 노력과 능력으로 사람들이 모이게 했다고 해서 그 교회의 소유권을 주장하거나, 또 그래서 그 교회를 자식에게 세습하거나 혹은 교인의 머릿수에 따라 다른 사람에게 그 교회를 팔아넘길 수도 있다면, 그 교회는 하나님의 소유가 아니라 그 목회자나 장로의 소유였다는 것을 방증하는 것이나 마찬가지다.

사실 어떤 목회자나 특정인이 교회의 주인이라고 주장한다고 해서, 반드시 교인들도 모두 그에게 동조하는 것은 아닐 것이다. 하지만 목회자와 같은 특정인이 교회 내에서 실질적인 교주(教主)처럼 교인들 위에 군림하고, 교인들도 거기에 호응하여 그를 교주처럼 떠받들고 있는 교회도 적지 않은 것도 사실이다. 대부분의 경우 스스로를 교주라고 주장하지는 않지만, 교회 내에서의 그들의 무소불위한 영향력과 안하무인의 행동들을 보면 그들의 교회관이 그대로 드러나는 경우가 많다. 그래서 목회하는 무리에 대한 목회자의 태도나 교인들의 그에 대한 태도들을 보면, 그 교회가 과연 하나님의 피로 사신 하나님의 교회인지, 아니면 사람의 노력과 투자로 만들어진 사람의 교회인지 어느 정도 가늠할 수 있게 된다. 물론 하나님의 피로 산 무리가 아닌 교회는 애초부터 '교회'라고도 할 수 없다. 어쨌든 교회가 하나님이 아닌 다른 어떤 사람의 소유라면 그것은 하나님의 교회가 아니라는 의미이고 그런 교회는 결코 참된 교회라고 할 수 없다.

엄밀히 말하면 사람이 주인인 교회는 처음부터 있을 수도 없다. 이 세상의 모든 것이 하나님의 것이요 모든 사람도 하나님의 소유이지만, 하나님께서 세상의 것들을 잠시 동안 사람들에게 맡기신 것뿐이다. 그래서 하나님을 진정으로 믿고 섬기는 사람이라면 모든 것이 하나님의 소유라는 사실을 인정해야 하며, 더욱이 진정으로 예수님의 피를 통해서 죄 사함을 받은 사람들을 하나님의 소유의 교회로 인정해야 하는 것은 너무나도 당연하다. 그런데 간혹 거짓 선지자들이나 탐욕에 눈먼 사람들이 어리석게도 교회의 주인 행세를 하며 하나님을 주인 자리에서 쫓아내는 악을 저지르는 경우가 발생하고 있는 것이다. 하나님 소유의 무리에 대한 이 같은 악하고 어리석은 행동과 그로 인한 불행한 결과의 예는 이스라엘의 역사 속에서도 어렵지 않게 발견할 수 있다.

(삼상 9:16) "내일 이맘때에 내가 베냐민 땅에서 한 사람을 네게 보내리니 너는 그에게 기름을 부어 내 백성 이스라엘의 지도자를 삼으라 그가 내 백성을 블레셋 사람의 손에서 구원하리라 내 백성의 부르짖음이 내게 상달하였으므로 내가 그들을 돌아보았노라 하시더니"

(삼상 15:30) "사울이 가로되 내가 범죄하였을지라도 청하옵나니 내 백성의 장로들의 앞과 이스라엘의 앞에서 나를 높이사 나와 함께 돌아가서 나로 당신의 하나님 여호와께 경배하게 하소서"

사무엘상에 기록된 위 두 구절의 '내 백성'이라는 표현을 주목해보라. 참고로 위의 구절들은 각각 하나님께서 사울을 이스라엘의 왕으로 세우시려는 계획을 선지자 사무엘에게 말씀하신 것, 그리고 하나님의 계획대로 왕이 된 사울이 시간이 흐른 후에 교만해져서 하나님께 불순종하고 사무엘에게 했던 말이다. 사무엘상 9장 16절에서는 하나님께서 당신의 백성이라는 의미로 "내 백성인 이스라엘"이라고 하셨다. 이스라엘은 하나님의 선택된 백성이며 소유권 역시 하나님께만 있다는 것은 너무나 당연한 사실이었다.

그리고 하나님께서는 당신의 백성을 사울에게 임시로 맡기셨다. 베냐민 지파의 작은 자에 불과했던 그를 이스라엘의 왕으로 삼으신 것이다. 그런데 처음엔 겸손했던 사울이 어느새 교만해졌고, 결국 하나님의 백성을 자기 백성으로 착각하고 말았다. 그래서 사무엘상 15장 30절에서는 사울 왕이 이스라엘 백성에 대하여 "내 백성"이라고 말하고 있는 것이다. 하나님의 백성을 자기 백성이라고 착각한 그는 결국 눈이 어두워져 하나님께 불순종하기까지 이르게 된 것이다.

반면, 사울과는 달리 모세나 사무엘 그리고 다윗의 경우엔 이스라엘 백성을 항상 "주의 백성"으로 일컬었다는 점에서 사울의 시각과 크게 대조를 이루고 있다. 기나긴 여정의 출애굽을 이끈 모세도 결코 이스라엘 백성을 자기 백성으로 여긴 적이 없었다. 강력한 전투력과 지도력을 겸비한 다윗도 이스라엘의 왕이 된 후, 결코 하나님의 백성을 자기 백성으로 여기지 않았다.

(신 9:29) "그들은 주의 큰 능력과 펴신 팔로 인도하여내신 주의 백성 곧 주의 기업이로소이다 하였노라"

(삼하 7:24) "주께서 주의 백성 이스라엘을 세우사 영원히 주의 백성으로 삼으셨사오니 여호와여 주께서 그들의 하나님이 되셨나이다"

하나님의 백성이라는 소유권에 관한 올바른 인식의 중요성은 부활하신 예수님께서 승천하시기 전에 베드로에게 하신 말씀을 통해서도 분명히 드러난다. 예수님께서는 "내 양을 치라(요 21:16)"고 말씀하셨다. 양을 치는 것은 목자가 해야 할 일이므로 우선 예수님께서 베드로에게 목자의 역할을 위임하셨다는 것을 알 수 있다. 하지만 위임된 목자에게 양들을 맡기기 전에 양들의 소유권에 대해 분명하게 짚고 넘어가신 것이다. "내 양을…." 그것은 베드로의 양이 아닌 분명히 예수님의 양이었다.

얼마 전 한국 기독교계에서 영향력이 큰 유명한 목사가 다른 목회자들을 대상으로 교육하는 동영상을 우연히 보게 되었다. 그런데 그 목사의 설교는 매우 충격적이었다. 그 목사는 교육 중에 "교회의 성도가 내 성도인지를 알아보기 위해서는…, 남자 성도에게는 인감증명을 가져오라고 해보고, 아무 말 없이 가져오면 내 성도요, 어디에 쓸 거냐고 물어보면 똥입니다."라고 가르쳤다. 그 다음에 한 말은 차마 입에 담을 수 없을 정도였다. '알아보는 방법'도 문제였지만, 더 큰 문제는 교인들에 대한 그의 인식이었다. 그 목사의 눈에는 오직 두 가지 종류의 교인밖에 없었다. 목회자의 어떠한 무리한 요구에도 순종할 수 있는 '내 성도'와 순종의 이유를 따져묻는 '똥'. 그런데 설상가상으로 그의 강의를 듣고 있던 목사들이 '아멘'으로 화답하는 것을 보고 또 한번 경악했다.

이처럼 심하게 삐뚤어진 생각을 가지고 있는 목사들을 통해 교인들은 도대체 무엇을 배우겠으며 어떤 방향으로 인도되겠는가? 그들의 가르침을 통해서 교인이 되었다면, 그 교인들이 진정한 하나님의 백성일 가능성이 얼마나 되겠는가? '내 백성'을 소유하고자 했던 사울 왕의 눈먼 욕심이나 '내 성도'를 소유하고자 하는 목사들의 어리석은 사상이 뭐가 다른가? 기독교 역사상 훌륭했던 교회 인도자들이나 목회자들을 떠올려보라. 자신들이 목회했던 무리를 자신의 무리라고 한 적이 있었던가? 그런데 오늘날에는 목회 대상인 교인들을 자기가 마음대로 좌지우지할 수 있는 소유처럼 여기는 이들이 많아보인다. 만일 교회당에 모여 있는 무리가 목회자의 무리라면, 그것은 분명히 그 목회자의 교회, 즉 사람의 교회이지 하나님의 교회라고 할 수 없다. 진정한 하나님의 교회는 오직 하나님께서 주인이신 교회여야 하기 때문이다.

하나님의 자녀들이 모인 교회

진정한 하나님의 교회가 되기 위한 두 번째 조건은 '교회의 구성원들이 하나님의 자녀들이어야 한다'는 것이다. 고린도 교회를 예로 들어보겠다.

> (고전 1:1-3) "하나님의 뜻을 따라 그리스도 예수의 사도로 부르심을 입은 바울과 및 형제 소스데네는 고린도에 있는 하나님의 교회 곧 그리스도 예수 안에서 거룩하여지고 성도라 부르심을 입은 자들과 또 각처에서 우리의 주 곧 저희와 우리의 주 되신 예수 그리스도의 이름을 부르는 모든 자들에게 하나님 우리 아버지와 주 예수 그리스도로 좇아 은혜와 평강이 있기를 원하노라"

사도 바울은 고린도전서의 인사말에서 하나님의 교회가 어떤 의미인지를 잘 설명해주고 있다. 그는 '하나님의 교회'는 곧 "그리스도 예수 안에서 거룩하여지고 성도라 부르심을 입은 자들"

이라고 말한다. 본절을 통해서 사도 바울이 분명히 밝히고 있는 것은 하나님의 교회의 구성원은 '그리스도 예수 안에서 거룩해진 사람들'이어야 한다는 사실이다. 다시 말하면 예수님의 피로 속죄함을 받은 사람들인 것이다. 이것이 바로 앞서 살펴본 '하나님께서 자기 피로 사신 교회'이다.

또 "주 되신 예수 그리스도의 이름을 부르는 자들"이란 죄 사함의 사실을 깨닫고 예수님을 주로 믿은 사람들, 즉 하나님의 자녀로 거듭난 사람들이라는 것을 알 수 있다. 예수님께서는 이미 모든 세상 사람들의 죄를 자신의 피로 깨끗하게 하셨다. 그러나 아직도 그 사실을 알지 못하거나 믿지 않는 사람들이 있는데, 그들은 아직 "주 되신 예수 그리스도를 부르는 자들"이 아니다. 진정한 하나님의 교회는 하나님의 가족들의 모임이어야 하며, 하나님의 가족이 되기 위해서는 반드시 하나님의 자녀로 거듭나야 한다.

결국 참된 하나님의 교회는 거듭난 하나님의 자녀들이 모인 무리라고 할 수 있다. 이는 교회를 구성하기 위한 가장 기본적이면서도 필수적인 조건이다. 반면, 거듭남이 뭔지도 모르거나 거듭남과는 상관없이 종교적인 열심으로 예수님의 이름만을 부르는 사람들이 모인 무리는 겉으로는 교회 같아보이지만, 실제로는 종교인들이 모인 하나의 종교 집단에 불과하며 참된 교회와는 거리가 멀다.

또 사도 바울이 디모데전서에서 하나님의 교회가 곧 "하나님의 집"이라고 말한 것을 통해서도 하나님의 교회는 하나님의 가족들로 구성되어야 한다는 사실을 알 수 있다.

> (딤전 3:15) "만일 내가 지체하면 너로 하여금 하나님의 집에서 어떻게 행하여야 할지를 알게 하려 함이니 이 집은 살아 계신 하나님의 교회요 진리의 기둥과 터니라"

사도 바울이 말하는 하나님의 집이란 어떤 의미일까? 하나님의 집이란 하나님께서 거주하고 계시는 곳임과 동시에 하나님의 가족들이 모이는 곳이다. 구약 시대에는 성막이나 성전을 하나님의 집이라고 불렀다(삿 18:31, 대상 6:48…). 그리고 하나님의 백성인 이스라엘 민족들은 성막이나 성전에서 하나님을 만나고, 하나님께 제사를 올리고, 동족과 함께 모임을 갖기도 했다. 신약 시대에는 하나님의 자녀들이 교회에서 동일한 일들을 하고 있다. 그래서 바울은 그리스도인들을 하나의 단체로서 '하나님의 집'이자 '하나님의 교회'라고 불렀던 것이다.

> (고전 3:9) "우리는 하나님의 동역자들이요 너희는 하나님의 밭이요 하나

님의 집이니라"

(히 3:6) "그리스도는 하나님의 집을 맡은 아들로서 그와 같이 하셨으니 우리가 소망의 확신과 자랑을 끝까지 굳게 잡고 있으면 우리는 그의 집이라"

교회라는 단어의 어원을 통해서도 이와 같은 사실, 즉 하나님의 교회의 구성원이 되기 위해서는 거듭남이 필요하다는 사실에 대하여 또 한번 확인해볼 수 있다. 신약성경에서 '교회'에 해당하는 헬라어는 에클레시아(εκκλησιας)이다. 오늘날 '에클레시아'라는 단어는 이미 많은 기독교인들에게 익숙한 단어가 되었고 그 의미도 기본적인 상식이 되어가고 있다. 그 의미는 '밖으로 불러모으다', 즉 '세상 밖으로 불러모아진 무리'라는 의미이다. 그래서 교회에 관한 심오한 신학적인 의미를 고려하지 않아도, 교회를 간단히 '세상 사람들과 구별된 기독교인들의 무리' 정도로 정의할 수 있다.

(행 26:18) "그 눈을 뜨게 하여 어두움에서 빛으로, 사단의 권세에서 하나님께로 돌아가게 하고 죄 사함과 나를 믿어 거룩케 된 무리 가운데서 기업을 얻게 하리라 하더이다"

예수님의 피로 인한 영원한 죄 사함을 깨닫고 또한 주님을 믿어 거룩하게 된 무리가 바로 '세상에서 구별된 무리'인 교회인 것이다. 결국 하나님의 교회란 거듭난 그리스도인들로 구성된 모임이어야 한다는 사실이 다시 한번 명확해진다. 반면, 예수님의 피로 인한 죄 사함의 의미도 모르거나 주님을 믿어 거듭난 적이 없는 사람들은 아무리 스스로를 그리스도인이라 주장하며 십자가의 형상을 많이 가져다 붙여놓는다 하더라도, 구별된 무리로 인정될 수도 없고 하나님의 교회라고 불릴 수도 없다. 오직 예수님을 통해 하나님의 자녀로 거듭난 사람들만이 참된 하나님의 교회이다.

하나님의 뜻을 이루는 교회

진정한 하나님의 교회가 되기 위한 세 번째 조건은 '하나님의 뜻을 행하고 이루기 위해 모인 무리'여야 한다는 것이다. 교회가 하나님의 소유된 백성들이라면 그들이 모인 이유는 무엇이어야 하겠는가? 진정한 하나님의 백성들이라면 그들이 함께 모여 하나님의 뜻을 행하려고 하는 것은 당연한 이치다.

그렇다면 하나님의 뜻은 무엇인가? 성경에 기록된 하나님의 뜻은 여러 가지가 있다. 예를 들면 그리스도인들의 거룩한 삶도 하나님의 뜻이고(살전 4:3), 그리스도인들로부터 영광을 취하는 것도 하나님의 뜻이며(사 43:7), 또 잃어진 많은 영혼들 가운데 한 영혼이라도 더 구원받게 하여 천국에 이르도록 하는 것도 가장 중요한 하나님의 뜻이라고 할 수 있다(요 6:40, 딤전 2:4). 교회는 바로 이러한 하나님의 뜻을 이루는 곳이어야 한다.

하나님의 말씀을 통해서 성도들의 삶을 깨끗케 하고, 그 성도들이 함께 모여 하나님께 기도와 찬양으로 영광을 돌리는 것이다. 또 그들이 연합하여 구세주이신 예수님을 증거하여 다른 영혼들을 건지는 것이다. 하나님의 교회가 거듭난 하나님의 자녀들이라면 아직 거듭나지 못한 많은 사람들이 거듭날 수 있도록 최선의 노력을 다할 것이다. 마치 바다에 빠진 사람들 중 구조선에 의해서 먼저 건짐 받은 사람이 아직 건짐 받지 못한 다른 사람들을 건지기 위해 함께 노력하는 것과 같은 이치다. 하나님의 교회에 한 영혼이라도 더 참여할 수 있도록 하나님께 구하며, 또 하나님께 도구로 쓰임 받기 위하여 노력을 게을리하지 않는 것이다.

그래서 진정한 하나님의 교회의 구성원들은 교회에 출석하는 교인들을 늘리는 데 관심이 있는 것이 아니라, 한 영혼이라도 하나님의 자녀로 거듭날 수 있도록 쓰임 받는 것에 관심을 둔다. 전도의 대상이 교회를 출석할 수 없는 호스피스 병상의 환자이든 혹은 교도소의 사형수든 상관하지 않는다. 이들의 관심은 교회 규모의 성장에 있는 것이 아니라, 오직 하나님의 나라가 커가는 것에 있기 때문이다.

그러나 오늘날 대부분의 교회들은 교회당 건물에 십자가를 걸고 입으로는 하나님과 예수님의 이름을 부르면서도, 진정한 복음을 전하기는커녕 목회자나 교인들 모두 각자의 사적인 목적을 이루기 위해 교회당에 출석하는 경우가 더 많은 것 같아보인다. 목회자들 가운데는 교회를 하나의 비즈니스나 생계유지 방편으로 여기는 이들도 있다. 교인들 가운데도 영업 목적이나 다른 사적인 목적을 이루기 위해 교회당에 출석하는 사람도 적지 않다.

예수님 시대에도 이와 비슷한 사람들이 있었다. 하나님의 성전 안에는 장사를 위해 모인 이들도 있었고 예수님의 제자들 가운데 가룟 유다와 같이 재물에 눈이 먼 자들도 있었다. 예수님께서도 성전에서 장사하는 자들을 강도라고 하셨으며, 사도 요한은 가룟 유다를 도둑이라고(요 12:6) 했다. 또한 반드시 물질적인 목적이 아니라 하더라도, 하나님의 뜻이 아닌 다른 목적으로 모이는 무리라면 진정한 하나님의 교회가 아닐 가능성이 크다. 예를 들면 목회자나 어떤 교인이 교회 내의 여러 가지 활동을 통해서 개인의 명성을 쌓으려고 하거나, 혹은 교회 구성원들이 교회 참석을 인간관계를 유지해나가는 하나의 사회생활로 여긴다면, 그런 사람들에게는 교회의 활동이 하나의 친목활동에 지나지 않을 것이다. 친목 활동을 위해 모인 무리를 하나님의 교회라고 할 수는 없다. 교회는 결코 단순한 친목단체도 아니고 동호회도 아니다. 진정한 교회의 순수한 목적은 오직 하나님의 뜻을 이루는 것이어야 한다.

앞서 설명한 세 가지 조건을 종합하여 간단히 정리하자면, 진정한 '하나님의 교회'란 '예수님을 통해 거듭나서 하나님의 뜻을 이루기 위해 모인 하나님의 소유된 백성들'이라고 할 수 있을 것이다. 그와는 반대로 "사람의 교회"란 '사람의 뜻을 이루기 위해 사람에 의하여 만들어진 사람들의 모임'이라고 정리할 수 있을 것 같다.

하나님의 교회	사람의 교회
하나님께서 주인	사람이 주인
하나님의 자녀들이 구성원	사람들이 구성원
하나님의 뜻을 지향	사람의 뜻을 지향
참된 교회	거짓 교회

사람의 교회

최근 들어 한국의 유명한 대형 교회들의 비리와 부조리에 관한 보도가 매스컴을 통해서 종종 보도되고 있다. 과거엔 주로 사이비 종교단체의 비상식적인 범죄와 패륜적인 행위들이 매스컴을 통해서 보도되었는데, 요즘엔 정상적인 것처럼 보이는 교회들에서도 갖가지의 추문들이 터져나오고 있다.

가장 일반적인 추문은 여성 신도와의 부적절한 관계이고, 교회 헌금의 사적 유용과 부정 축재에 관한 추문이 그 뒤를 잇고 있다. 예나 지금이나 여성 신도와의 불륜은 항상 건강한 교회의 모습을 해치는 대표적인 해악이었다. 그러나 요즘 들어 한국의 교계엔 목회자의 여러 가지 비리와 더불어 교회 세습이 또 하나의 큰 문젯거리로 대두되면서, 교회가 사유화되고 있다는 사회적인 지탄을 면하기 어렵게 되었다. 이것은 결코 요즘 언론에 기사화되고 있는 유명한 몇몇 대형 교회만의 문제는 아닌 것 같다. 아마 매스컴을 통해서 드러난 일부 대형 교회의 경우보다 목회자들의 비리와 비행을 눈감아주는, 사유화되어가고 있는 중소형 교회들은 훨씬 더 많을 것이다. 어쨌든 목회자의 교회의 사유화는 곧 목회자가 교회의 주인이라는 의미이고, 이는 곧 그 교회가 하나님의 교회가 아닌 사람의 교회라는 의미이기도 하다.

사도 바울은 교회의 주인 행세를 하면서 자기의 유익을 위해 교회를 운영하는 자들을 "마음이 부패해져서 진리는 저버리고 경건을 이익의 방도로 생각하며 경건의 능력은 부인하고 경건의 모양만 가지고 있는 사람들"이라고 표현한 바 있다(딤전 6:5, 딤후 3:5). 이 같은 자들은 성경적 표현으로 치면 소위 '거짓 선지자'에 해당한다. 거짓 선지자들은 복음을 전하는 척하지만, 실제로는 많은 사람들로 하여금 자기를 따르게 하는 것에 더 관심이 많다. 그래서 자기를 따르게 하기 위해서 최선을 다하며, 때로는 수단과 방법을 가리지 않는다. 거짓 선지자들이 교인들을 속여 자신을 믿고 자신을 따르게 하는 방법과 그 속임의 정도에는 다소 차이가 있겠지만, 대개는 다음과 같은 비슷한 패턴들이 있는 것 같다.

첫째, 설교 등을 통하여 입으로는 끊임없이 하나님과 예수님에 대하여 이야기한다. 그렇게 하지 않으면 교회의 정체성과 관련하여 일찌감치 의심받을 수 있기 때문이다. 사탄이 광명의 천사로 위장하듯 자신들이 하나님의 충실한 종인 것처럼 철저히 위장한다.

둘째, 자신이 하나님의 선택을 받은 사람 혹은 특별하게 쓰임 받는 사람이라는 인식을 강하게 심어준다. 이를 위해서 꿈이나 환상을 통해서 자신이 하나님으로부터 특별한 계시를 받았다는 것을 자주 언급하는데, 그렇게 하는 것이 효과적이기 때문이다. 또 경우에 따라서는 기적적인 체험을 경험하도록 한다. 자신을 통해서 방언의 능력이 내려온 것처럼 말하면서 사람들로 하여금 방언을 하게 하거나 직접 하기도 하고, 또는 병든 사람을 낫게 하거나 귀신을 쫓아내는 등의 퍼포먼스도 필요하다. 이 같은 가짜 기적은 교인들이 직접 경험하지 않고 간접적으로 목격하기만 해도 그 효과는 매우 크다. 이러한 방법이 진부해 보일지는 모르지만 동서고금을 막론하고 항상 잘 먹히는 방법이었다.

셋째, 교인들이 듣고 싶어 하는 두 가지의 주제를 동시에 다룬다. 하나는 육신의 복, 즉 현실적인 복에 관한 약속이고, 또 다른 하나는 영혼의 복, 즉 천국에 관한 약속이다. 우선 육신의 복을 받기 위해서는 하나님을 잘 섬겨야 하는데, 하나님을 잘 섬기는 것이 곧 교회와 목회자를 잘 따르는 것이라고 세뇌시킨다. 또 영혼의 문제에 관심 있는 사람들에게는 영혼의 문제인 구원을 다룸으로써 그들의 마음을 산다. 십자가를 통한 영원한 속죄를 비롯한 구원에 관한 일반적인 교리는 기본으로 가르치되, 교인들을 자기의 사람들로 만들기 위해서는 가능한 한 구원받는 방법을 조금 애매하게, 그리고 좀 더 신비적으로 설명한다. 그래야만 교인들이 자신을 보통의 전도자들과는 다른 특별한 존재로 여기게 되고, 또 그럴수록 자신에게 더 목을 맬 수밖에 없게 되기 때문이다.

넷째, 위와 같은 과정들을 통해서 모여든 사람들이 많아진다면, 그것이 바로 성령께서 자신들의 교회에 활발하게 역사하시는 증거라고 못을 박는다.

이런 것들이 모든 거짓 선지자들이 일률적으로 따르는 방법이나 순서라고 할 수는 없지만, 순진한 교인들을 속이는 가장 흔한 사기의 행태들인 것은 사실인 것 같다. 결국 입으로는 예수님의 이름을 부르며 십자가의 도를 전하는 것 같지만, 실제로는 교인들에게 장밋빛 미래를 약속하면서 오히려 자신들을 믿고 따르게 하는 것이 거짓 선지자들의 궁극적인 목표인 것이다. 그런 후에 교인들에게 목회자들에 대한 절대적인 신뢰와 순종을 종용하면서 교회를 자기들의 왕국으로 만들어간다.

안타깝게도 분별력이 부족한 대부분의 교인들은 거짓 선지자들의 궤계(詭計)에 넘어가게 되고, 그들이 만든 사람의 교회를 하나님의 교회로 착각하여 기꺼이 몸과 마음을 바쳐 헌신하게 된다.

이 같은 거짓 선지자들이 인도하는 무리 속에 거듭난 하나님의 자녀가 있을 가능성이 얼마나 되겠는가? 같은 성경을 보고 같은 가사의 찬양을 한다고 해서 모두가 하나님의 교회라고 할 수 있는가? 결코 그럴 수 없다. 자신이 속한 교회와 그 목회자들을 무작정 믿고 따르면서, 또는 괜찮아보이는 교회에 소속되어 있다는 단순한 소속감 하나만 믿고서 자신의 영혼 문제와 신앙생활을 맡겨서는 안 된다. 어떤 교회에 속해 있느냐에 따라서 각자의 영원한 삶의 향방이 달라질 수도 있고 신앙이 좌우될 수도 있기 때문이다. 그러므로 자신이 정말 하나님의 교회에 속해 있는지 아니면 사람의 교회에 속해 있는지, 반드시 확인해보길 바란다.

"내 안에 거하라 나도 너희 안에 거하리라 가지가 포도나무에 붙어 있지 아니하면 절로 과실을 맺을 수 없음같이 너희도 내 안에 있지 아니하면 그러하리라"

(요 15:4)

2 장.

잘못된 교훈에 속는 교인들

우리 교회는 주님의 몸 된 교회?

우리 교회는 성령께서 항상 함께하시는 교회?

교회 안에 거하라?

우리 교회는 주님의 몸 된 교회?

(엡 1:23) "교회는 그의 몸이니 만물 안에서 만물을 충만케 하시는 자의 충만이니라"

(엡 4:4) "몸이 하나이요 성령도 한 분이시니 이와 같이 너희가 부르심의 한 소망 안에서 부르심을 받았느니라"

사도 바울은 에베소서에서 "교회는 예수님의 몸"이며 성령이 한 분이신 것처럼 주님의 몸 된 교회도 오직 하나밖에 없다고 말하고 있다. 바울이 말한 것처럼 교회가 주님의 몸이라면 마땅히 몸인 교회도 하나여야 한다. 그런데 세상에는 서로 다른 교단이나 교회가 왜 그렇게 많은 것일까? 앞서 배운 대로 거짓 교회인 '사람의 교회'를 열외시키고 '하나님의 교회'의 조건에 부합하는 교회들만 보더라도, 여전히 하나 되어보이지 않을 뿐만 아니라, 심지어 교리적인 문제로 서로 대립하는 교회들도 있다.

이처럼 서로 다른 교리를 가지고 있는 교회들을 모두 하나의 교회로 볼 수 있을까? 이 문제를 잘 이해하기 위해서는 우선 교회의 개념을 잘 정립해야 한다. 왜냐하면 하나님의 교회를 어떤 개념으로 보느냐에 따라 교회는 하나로 볼 수도 있고 서로 분리되어 있는 각각 다른 교회들로도 볼 수도 있기 때문이다.

교회에 관한 올바른 개념을 갖지 않으면 다른 교회에 대한 독선적인 배타주의에 빠지거나 자기들이 속해 있는 교회나 교단을 세상에서 유일하고 독보적인 교회로 믿는 심각한 오류에 빠지기 쉽다. 그래서 그런 오류에 빠지는 것을 방지하기 위해 교회의 서로 다른 두 가지 개념에 대해서 정리해보기로 하겠다.

교회의 첫 번째 개념은 시대와 지역을 초월하여 예수님의 피로 죄 사함을 받은 모든 거듭난 그리스도인들이 구성원인 '전우주적 교회(universal church)'이다. '전우주적 교회'는 사실상 구체적인 형태나 규모를 측량할 수 없는 추상적 개념의 교회이다. 주님의 몸이 하나인 것처럼 교회가 하나라고 말하는 것은 바로 '전우주적 교회'를 말하고 있는 것이다. 예를 들면 2000년 전에 예루살렘에서 거듭난 성도와 오늘날 서울에서 거듭난 성도는 모두 하나의 교회인 '전우주적 교회'의 구성원들이다(참고로 가톨릭 교회에 해당하는 'catholic'이 바로 'universal'의 의미이지만, 여기서의 'universal church'는 가톨릭 교회를 의미하는 것이 아님을 확실히하고 넘어가겠다).

교회의 두 번째 개념은 환경적인 이유나 교리적인 견해 차이로 인해, 혹은 그밖의 다른 이유들로 인해 거듭난 그리스도인들이 따로따로 모이고 있는 '지역교회(local church)' 혹은 '개별교회'이다. 여기서의 지역교회란 반드시 지역적으로만 구분된 교회를 의미하는 것은 아니고, 한 몸인 전우주적 교회의 상대적 개념으로서, 지구상에 분리된 각각의 개별 교회(하나님의 교회)들을 의미한다. 그래서 지역교회는 독립된 단 하나의 교회를 의미할 수도 있고, 때로는 교회들의 연합인 교단을 의미할 수도 있다.

또한 전우주적 교회가 추상적인 교회인 것과는 반대로 지역교회는 그 형태와 규모가 대략적으로나마 측량 가능한 구체적이고 실질적인 사람들의 모임이다. 예를 들면 미국의 한 지방에 있는 독립 교회와 인천에 있는 한 독립 교회는 서로 다른 지역교회들이라고 할 수 있다. 또 칼빈(Calvin)의 가르침을 추종하는 장로교단과 요한 웨슬레(John Wesley)의 가르침을 추종하는 감리교단은 서로 다른 지역교회들이라고 할 수 있다.

신약성경에 등장하는 초대교회 시대의 교회들은 대부분 주님의 몸 된 하나의 교회로 여겨졌다. 그들은 대부분 동일한 교훈을 가르치는 사도들로부터 동일한 교훈을 따르는 동시대의 교회들이었기 때문에 교회나 교단이 나뉠 이유도 없었고, 굳이 지역 교회의 개념과 전우주적 교회의 개념을 구분하여 설명할 필요가 없었을 것이다.

그런데 오늘날에는 상황이 완전히 다르다. 전세계적으로 흩어져 있는 각각의 교회들은 시간적·지리적 여건상의 이유로 함께 교류할 수 없게 되고, 또 교리적 견해 차이로 인해 서로 같은 목소리를 낼 수 없게 되어 서로 분리되기 시작한 것이다. 복음의 핵심 내용인 그리스도를 통한 죄 사함과 믿음으로 말미암는 거듭남에 있어서는 이견의 가능성이 적지만, 그외의 교리들에 관해서는 서로 다른 견해를 가질 가능성이 많아진 것이다.

예를 들면 구원받을 사람이 태어나기 전부터 이미 예정되어 있다고 주장하는 예정론을 믿는 장로교인들이 있는가 하면, 그와 반대로 예정론을 배척하고 자유의지를 강조하는 감리교인들도 있다. 또 오순절(행 2:1)에 초대교회에 역사했던 성령의 기적이 오늘날 까지도 지속되고 있다는 소위 은사지속론(continuationism)을 믿고 있는 오순절파 계통의 사람들이 있는가 하면, 반대로 오순절 때와 같은 성령의 기적은 이미 멈췄다고 믿는 소위 은사중지론(cessationism)을 믿고 있는 사람도 있다. 그러나 만일 장로교인이 되었건 감리교인이 되었건, 또는 오순절파 교인이 되었건 간에, 그들이 천국 문에 이르렀을 때 하나님께서는 그들에게 어느 교단에 속했었는지, 혹은 어느 쪽의 견해를 따랐었는지를 묻지는 않으실 것이다. 예정론이나 자유의지 또는 성령의 은사에 관한 견해와 상관없이, 만일 그들 중에 누구라도 하나님께 대한 회개와 예수님께 대한 믿음으로 거듭난 사람들이라면(행 20:21) 이미 그들은 하나님의 아신 바 되었고(갈 4:9) 천국 백성이 되었기 때문이다.

그렇다고 해서 앞서 언급한 서로 다른 견해들을 모두 받아들여야 한다는 뜻은 절대 아니다. 서로 반대되는 견해가 모두 진리일 수는 없으며, 진리가 아니라면 어떤 가르침이라도 거부해야 한다. 다만 동일한 복음을 전하고도 비핵심적인 부분에서는 위와 같은 견해 차이가 생길 수 있다고 말하는 것뿐이다.

어쨌든 시간이 지나면서 교리적인 견해 차이는 점점 더 고착화되었고, 교회 간의 분리 현상은 갈수록 심해질 수밖에 없었다. 그래서 오늘날엔 서로 다른 수많은 교단과 교회가 탄생되어, 교회가 하나가 아닌 서로 다른 교회로 보이는 것이다. 어쨌든 그들이 모두 진정으로 거듭났다면 모두 '전우주적 교회'라고 할 수 있다. 동시에 어떤 이유가 되었건 각각 분리되어 따로 모이는 교회나 교단을 '지역교회'라고 구분하여 말할 수 있다.

그런데 '전우주적 교회'와 '지역교회'의 차이를 아는 것이 정말 그렇게 중요할까? 이제 그 차이점에 대해서 좀 더 자세히 알아보고, 그 차이를 이해하는 것이 왜 중요한지를 생각해보겠다. 이해를 돕기 위해 한 가지 비유를 들어보겠다. 전우주적 교회를 하나의 대기업이라고 한다면, 이 대기업의 머리인 총수는 바로 예수님이 된다. 대기업은 채용된 사원들에 의하여 구성된다. 마치 예수님의 몸 된 교회가 거듭난 그리스도인들로 구성되는 것과 같다고 할 수 있다.

대기업은 다양한 계열사나 지사, 많은 부서들로 이루어져 있고 계열사와 부서들마다 각각 하는 일도 다르고 업무 스타일도 달라서, 때로는 전혀 다른 회사로 느껴질 때도 있을 것이다. 그러나 모든 사원들이 이 기업에 채용되는 방법은 같으며 모두 동일한 유니폼을 입어야 한다. 마치 모든 그리스도인들은 예수님의 옷을 입어야 하듯이(갈 3:27) 말이다.

또한 근무하는 장소와 방법은 각각 다르다 할지라도 기업의 이윤을 극대화해야 한다는 공동의 목표를 가지고 있다. 총수는 이 목표를 이루기 위해 기업을 전체적으로 보고 관리할 것이다. 이 대기업이 전우주적 교회에 해당한다면, 이 대기업의 계열사들이나 부서들은 지역교회에 해당한다. 그런데 기업을 경영하다 보면 시장의 환경이나 실적에 따라 계열사나 부서들을 분리 또는 합병시켜야 할 때가 있고, 또 기존의 부서를 없애고 새로운 부서를 만들어야 할 경우도 생긴다. 또한 총수의 큰 그림에 따라 어떤 사원은 부서가 옮겨질 수도 있고, 또 어떤 사원은 홀로 장단기간 출장을 가거나 파견될 수도 있다.

이 비유를 통해서 특히 강조하고 싶은 부분이 있다. 그것은 바로 전우주적 교회와 지역교회의 '생명의 지속성'의 차이이다. 총수에게 가장 중요한 것은 본 기업의 생명이다. 이를 위해서 필요하다면 계열사나 부서들은 얼마든지 정리할 수 있다. 그와 마찬가지로 전우주적 교회는 결코 없어지지 않고 영원히 존속되지만, 지역교회는 얼마든지 사멸될 수 있다는 뜻이다. 이처럼 교회의 개념에 따라 다를 수밖에 없는 교회의 생명의 지속성의 차이는 예수님께서 말씀하신 포도나무 비유를 통해서도 알 수 있다.

(요 15:1-6) "내가 참 포도나무요 내 아버지는 그 농부라 무릇 내게 있어 과실을 맺지 아니하는 가지는 아버지께서 이를 제해버리시고 무릇 과실을 맺는 가지는 더 과실을 맺게 하려 하여 이를 깨끗케 하시느니라 너희는 내가 일러준 말로 이미 깨끗하였으니…, 나는 포도나무요 너희는 가지니 저가 내 안에, 내가 저 안에 있으면 이 사람은 과실을 많이 맺나니 나를 떠나서는 너희가 아무것도 할 수 없음이라 사람이 내 안에 거하지 아니하면 가지처럼 밖에 버리워 말라지나니 사람들이 이것을 모아다가 불에 던져 사르느니라'

예수님께서는 참 포도나무이시고 예수님의 말씀으로 이미 깨끗해진 예수님의 제자들은 포도나무의 가지들이다. 그리고 포도나무에 붙어 있는 하나의 가지에 또 다른 가지들이 붙어 있을 수도 있을 것이다. 포도나무의 본줄기에 붙어 있는 가지건, 아니면 가지에 붙어 있는 또 다른 가지건 상관없이, 포도나무에 붙어 있는 한 모든 가지들은 여전히 포도나무의 일부이다. 모든 가지를 포함한 포도나무 전체는 예수님께서 머리 되시는 전우주적 교회의 모습이다. 반면에 줄기에 붙어 있는 개별적인 가지들은 지역교회나 거듭난 그리스도인들의 모습이라고 할 수 있다.

농부이신 하나님께서 포도나무를 지키시는 한 포도나무는 절대 죽지도 않고 통째로 뽑히거나 베이지도 않는다. 그러나 포도나무에 붙어 있는 가지들에 대해서는 반드시 지키신다는 약속을 하신 적이 없다. 오히려 과실을 맺지 않은 가지는 아버지께서 제하신다고 경고하셨다. 농부에게 중요한 것은 포도나무의 건강과 열매이며, 이를 위하여 포도나무에 문제가 되는 가지들은 언제든지 제거하실 수 있다. 생명이 절대적으로 보장되는 본줄기(포도나무)와 그 운명이 완전히 달라질 수 있다는 것이다.

지역교회는 실제로 다양한 생로병사의 생명현상이 일어난다.

안타깝지만 지역교회가 생명을 다하는 경우는 역사상 계속해서 되풀이되어오고 있다. 예컨대 신약에 언급된 많은 지역교회들은 오늘날엔 모두 사라지고 없다. 기독교 역사상 탄생 후 잠시 쓰임받다가 다시 역사 속으로 사라져버린 교회들도 수없이 많다. 반면, 주님의 몸 된 교회인 전우주적 교회는 절대 사라지지도 않고 사라질 수도 없다.

뿐만 아니라 전우주적 교회는 시간과 공간을 초월하여 구성원들을 거듭난 그리스도인들로만 한정된 것이기 때문에, 거듭나지 않은 사람은 아예 구성원으로 인정될 수 없다. 반면에 지역교회는 특정 시대와 특정 지역에 실질적인 모임을 가지고 있는 구체적인 사람들의 무리이기 때문에, 거듭나지 않은 사람들이 함께 섞여 있을 가능성이 있다.

예를 들면 고린도 교회라고 한다면, 초대교회 시대에 고린도 지역에서 모임을 가진 그리스도인들의 모임인데, 고린도 교회의 구성원들이 모두 거듭난 성도로만 구성되었다고는 말할 수 없다. 거듭나지 않은 상태로도 얼마든지 섞여 있을 수 있고, 의도적으로 교회에 침투한 거짓 형제(고후 11:26, 갈 2:4)도 있을 수 있기 때문이다. 그래서 전우주적 교회는 개념상 완전한 교회일 수밖에 없는 반면, 지역교회는 실질적으로 불완전한 무리일 수밖에 없다. 비록 무리들 중에 전우주적 교회의 구성원들이 많이 포함되어 있다 하더라도, 세상에서 '교회'라는 간판 아래 모이는 무리들은 엄밀히 말하면 모두 지역교회들이다.

기본적으로 전우주적 교회가 되었건 지역교회가 되었건 간에, 따지지 않고 교회 자체를 소중하게 생각하고 거룩한 무리로 여기는 것은 바람직한 일이다. 그러나 교회의 두 가지 개념을 분리하여 정립하지 않으면, 교회와 관련한 여러 가지 오해를 불러일으킬 수 있다. 이미 많은 교회의 목회자들이 교회의 개념에 대해 올바른 정립이 되어 있지 않아서 자신들이 목회하는 지역교회를 전우주적 교회와 동일시하여 가르치거나 혹은 의도적으로 그렇게 가르치기도 한다. 그 결과 대부분의 교인들도 자신들이 속한 지역교회를 에베소서에서 말하고 있는 "주님의 몸 된 교회", 즉 전우주적 교회로 착각하고 있는 실정이다.

그러나 만일 어떤 목회자가 자신이 설립하여 주인 노릇을 하고 있는 교회가 주님의 몸 된 교회라고 주장한다면, 이는 마치 자기가 목회하고 있는 교회가 포도나무라고 주장하는 것과 같고, 이는 곧 자신이 주님의 위치에 있다는 것과 다를 바가 없다. 일개의 가지에 지나지 않는 목회자가 다른 가지들을 보고 마치 '자기가 포도나무이기 때문에 자기에게 붙어 있으라'고 하는 것과 같은 의미가 될 수 있다는 뜻이다. 목회자가 이런 사실을 알고서도 의도적으로 이렇게 가르치고 있다면, 그야말로 양의 탈을 쓴 이리와 같은 거짓 선지자일 것이고, 혹시 의도하지 않았더라도 이는 지극히 어리석은 일이 될 수 있다.

그런데 안타깝게도 이 같은 일들이 도처에서 왕왕 일어나고 있다. 이와 관련된 실질적인 한 예를 소개 하겠다.

한 교인이 담임목사에게 "이 교회를 위해서 기도하고 있다."고 말하자, 그 말을 들은 목사가 "이 교회는 주님이 지키시는데, 이 교회를 위해서 무슨 기도를 할 필요가 있느냐?"고 하면서 오히려 그 성도를 나무랐다고 한다. 믿기 어려울지 모르겠지만 이 얘기는 실화이다. 자기가 목회하는 교회를 하나의 지역교회로 생각하지 않고 전우주적 교회와 동일시 하는 순간 많은 문제들이 발생한다. 이러한 목회자들은 주님의 몸된 교회의 절대성을 자신들이 목회하고 있는 지역교회에 적용시키는 설교를 함으로써 은근히 교인들에게 교회에 대한 충성을 요구한다. 이와 같은 과정 속에서 많은 목회자들은 교회의 절대적 권위를 등에 업고 자기들의 권위를 높이고 있다.

더욱 안타까운 점은, 일반 교인들은 대부분 그 차이에 대한 분별력이 없다는 사실이다. 많은 목회자들이 이와 같은 큰 잘못을 범하고 있는데도, 그 오류를 분별할 수 없는 순진한 교인들은 목회자들을 마치 거룩한 존재처럼 혹은 하나님께 쓰임받고 있는 절대적인 존재처럼 여기게 된다. 이런 이유로 오직 '아멘, 아멘' 하면서 더욱 목회자를 충성되게 따르고 있는 것이 오늘날 대부분의 교회 현실이다.

자신이 소속된 교회가 절대적인 주님의 몸 된 교회라고 믿는 순간부터 교회와 목회자에 대한 충성이 자동적으로 시작되고, 이러한 충성은 대부분 맹목적인 충성이 되기 쉽다. 설령 목회자의 과오나 교회의 문제점이 드러나도, 이미 교회를 주님께서 지키시는 절대적인 존재처럼 믿고 있기 때문에 크게 문제 삼지 않게 되는 것이다. 그래서 많은 교회들에서 목회자들의 비윤리적이고 부도덕적인 행위가 드러나고 있지만 여전히 충성하는 교인들이 많은 것이다.

안타깝게도 오늘날 비정상적이고 이상한 모습을 하고 있는 교단이나 교회가 그렇게 많음에도 불구하고 그 체제가 잘 유지되고 있는 것은 바로 이러한 이유 때문인지도 모른다. 그래서 교회에 대한 개념을 올바르게 정립하고, 자신이 어떤 교회에 속해 있는지를 정확하게 아는 올바른 지식과 시각을 가지고 있어야 한다.

각 개인의 신앙생활은 사실상 교회에 많이 의존하고 있기 때문에, 교회에 관한 오해는 자칫 우리의 신앙생활과 각자의 영혼까지 망가트릴 수도 있다는 것을 기억해야 한다. 이처럼 주님의 몸 된 교회와 지역교회의 각각의 개념을 올바르게 이해하고 그 차이를 분별하는 일은 매우 중요하다.

전우주적 교회	지역교회
오직 하나	분리된 여러 지체
시간과 공간에 제한 없음	시간과 공간에 제한됨
거듭나면 자동으로 가입	각자의 선택으로 가입
알곡으로만 구성됨	가라지가 섞일 수 있음
아버지께서 깨끗하게 유지하심	변질 가능성이 있음
영원히 존재함	사멸될 수 있음

우리 교회는 성령께서 항상 함께하시는 교회?

또 하나 빠지기 쉬운 하나님의 교회에 관한 오해가 있다. 한 번 하나님의 교회는 항상 하나님의 교회일까? 많은 교회에서 그렇게 가르치고 있겠지만 결론부터 말하자면 결코 그렇지 않다. 하나님의 교회로 시작했을지라도 얼마든지 사람의 교회로 마칠 수 있는 것이다. 거듭난 그리스도인들이 모여 교회를 이루고 그곳에 한때 성령께서 활발하게 역사하셨다 하더라도, 교회가 변질되면 성령께서도 그곳을 얼마든지 떠나실 수 있다. 어쨌든 더러워진 성전은 이미 거룩한 전(聖殿)이 아니다. 거룩하신 성령께서는 더러워진 곳에 더 이상 머무실 수 없기 때문이다(고전 3:16-17).

그런데 개인이 되었건 교회가 되었건 항상 완전무결하게 지낼 수는 없을 것이다. 비록 성전이라 하더라도 간헐적으로 혹은 부분적으로 오염될 가능성은 항상 존재한다. 그래서 성전이 더러워지면 청소가 필요하듯 그들에게도 지속적인 회개가 필요한 것이다. 그러나 그들이 돌이켜 회개하지 않고 처음 가졌던 믿음과 행위를 회복하지 않는다면 "촛대를 옮길 수밖에 없다"는 것이 주님의 준엄한 경고이다.

> (계 2:5) "그러므로 어디서 떨어진 것을 생각하고 회개하여 처음 행위를 가지라 만일 그리하지 아니하고 회개하지 아니하면 내가 네게 가서 네 촛대를 그 자리에서 옮기리라"

그러면 성령께서 이미 교회를 떠나셨다는 것을 알 수 있는 방법이나 척도 같은 것이 있을까? 거짓 선지자도 열매를 통해 그들을 알 수 있는 것처럼, 교회도 그 열매들을 통해 참된 교회인지 거짓 교회인지 알 수 있다. 성령께서 활동하는 곳이라면 마땅히 성령의 열매(갈 5:22-23)가 맺힐 것이다. 그러나 성령의 열매가 점점 줄어들거나 오히려 육체의 소욕의 열매(갈 5:19-21)가 더 많이 맺히고 있다면, 성령께서 이미 그곳을 떠나셨다는 방증이 될 수 있다.

또한 하나님의 말씀이 선포되어야 할 교회에서 사람의 생각이나 경험이 더 많이 전해진다든지, 영혼의 문제보다 육신의 문제가 더 중요하게 다루어진다든지, 또는 더 이상 전도를 통한 새로운 영혼이 태어나지 않는다든지 하는 것들을 통해서 교회의 건강 상태를 어느 정도 가늠해볼 수 있을 것이다.

그 중에서도 특히 새로운 영혼이 태어나지 않는다거나 드물다는 것은 그 교회에 역사하시는 성령의 유무를 판단할 수 있는 매우 중요한 척도가 될 수 있다. 동시에 자칫 잘못하면 이것은 가장 착각하기 쉬운 방법이 될 수 있기 때문에 특별한 주의가 필요하다. 왜냐하면 많은 이들은 교인의 수가 증가하는 것을 거듭나는 사람의 증가로 착각하는 경향이 있기 때문이다.

교인 수의 증가는 반드시 거듭난 사람의 증가를 의미하지는 않는다. 오히려 소위 '섞인 무리'의 숫자가 많아지는 것일 수도 있다. 교회 내에 거듭나지 않은 사람이 없을 수는 없다. 그러나 거듭나지 않은 사람들의 비중이 커진다면, 이는 그 교회의 건강 상태가 나빠진다는 것을 의미한다. 비만으로 몸이 커지는 것을 바람직한 성장이라고 말하는 사람은 없을 것이다. 교회의 비만은 오히려 그 교회의 건강에 치명적인 결과를 가져올 수 있다.

출애굽한 이스라엘 백성들은 대부분 불순종함으로 광야에서 멸망당했는데, 그 불순종과 탐욕을 부추긴 이들이 바로 그 섞여 있는 무리였음을 기억해야 한다(민 11:4). 그래서 교회의 규모가 커지는 것이 반드시 성령께서 역사하시고 하나님께서 인도하시는 하나님의 교회의 증거라고 착각하지 않도록 주의해야 한다.

교회에 임한 성령께서 절대 다시 떠나지 않으실 것이라고 믿는 것도 오해이지만, 성령께서 우리 교회에만 계실 것이라고 믿는 것도 큰 오해이다. 예수님께서 부활하시고 승천하신 이후, 복음은 이스라엘뿐만 아니라 온 세상으로 전파되었다. 신약성경의 기록을 통해 초대교회 시대에 교회가 형성된 곳은 특정 지역에 국한된 것이 아니라, 지역에 따라 여러 곳에 분포했음을 알 수 있다. 당시에는 이집트의 알렉산드리아에도 거듭난 그리스도인들이 있었고, 사도 도마는 심지어 인도까지 가서 복음을 전했다고 전해진다.

이렇듯 하나님의 교회는 예루살렘이나 사마리아에도 있었고, 이스라엘의 국경을 넘어 안디옥이나 에베소에도 있었다. 또 대륙을 넘어 로마나 이집트, 심지어 인도에도 있을 수 있었다. 그들 중에는 서로 교류할 수 있는 교회들도 있었겠지만, 서로 간에 전혀 교류할 수 없는 교회들도 있었다. 한국에서도 진정한 하나님의 교회는 서울에도 있을 수 있고, 강원도의 작은 산골마을에도 있을 수 있다. 내가 살고 있는 지역이나 내가 알고 있는 지역에 교회가 있을 수도 있고, 또한 내가 한번도 가본 적 없거나 알지 못하는 지역에도 얼마든지 교회가 있을 수 있다. 그래서 자신의 제한된 정보에만 의존하여 선부른 판단으로 진정한 하나님의 교회를 특정 지역이나 특정 시대 혹은 특정 사람들에만 한정시키려는 것은 결코 지혜로운 일이 아니다.

그런데 자기가 거하는 나라나 지역을 특별하게 여기거나 신성화시켜 하나님께서 특별하게 선택하신 곳으로 믿거나 가르치는 이들이 있는 것이 현실이다. 시대적, 지역적 한계와 자신들의 정보의 한계를 인정하고, 교류할 수 없는 많은 참된 교회의 존재 가능성을 인정해야 한다. 그런데도 그런 가능성을 무시한 채 마치 자신들의 교회나 교단이 하나님께로부터 복음을 위임받은 유일한 교회인 양 의기양양해한다면, 이 또한 지극히 어리석은 일이 될 것이다.

안타깝게도 오늘날 그런 착각에 빠져 있는 교회나 교단들이 적지 않은 것 같다. 물론 세상에 존재하는 모든 교단이나 교회를 모두 진정한 복음을 전하는 참된 교회로 여겨야 한다는 의미는 절대 아니다. 왜냐면 복음이 특정 무리에게만 한정되어 있는 것도 아니지만, 그렇다고 해서 세상의 모든 교단 혹은 교회가 참된 복음을 전하는 것도 아니기 때문이다. 그러나 자신들의 차별화된 전도 스타일이나 예배 스타일에 지나친 자부심을 갖는 나머지 스스로 하나님께 쓰임받고 있는 가장 올바른 교회 혹은 유일한 교회라고 믿는다면 그것은 또 다른 심각한 문제가 될 수 있다.

이러한 착각에 빠진 교단들의 성향 중 하나는 자기 교단의 관리 하에 전국적으로 혹은 전세계적으로 교세를 뻗치려고 한다는 것이다. 이들은 스스로 독보적인 교회라고 믿기 때문에 자신들의 지교회가 생기는 지역은 이미 복음이 전파된 지역으로 여기며, 반대로 자신들의 지교회가 없는 곳은 복음의 불모지로 여기는 특징이 있다. 전국적으로 혹은 전세계로 지교회를 뻗쳐나가고 있는 모든 교단을 싸잡아 비판하려는 것이 아니라, 지극히 배타적인 생각으로 스스로 독보적인 존재로 여기는 나머지, 자신들의 교세가 반드시 전세계로 뻗어나가야 한다고 믿는 교단의 편협하고 오만한 오류를 지적하고자 하는 것이다. 물론 아직도 올바른 복음을 들어본 적이 없는 곳이 있다면, 그들을 전도하기 위해 세상 끝까지라도 가야 할 것이다. 또한 그 교단을 통해서 거듭난 사람들이 자연스럽게 교회를 이루어간다면 누가 뭐라 하겠는가? 그러나 그들의 전도 과정이 성령의 인도하심에 따라 자연스럽게 이루어진 것인지, 아니면 인위적인 교세의 확장으로 인한 것인지는 잘 따져보아야 할 것이다.

역사상 복음 전파의 초창기였던 초대교회 시대에 사도 바울이 교회를 개척해갈 때, 어떤 태도로 임했는지 그의 모범을 살펴보자.

사도 바울은 아시아(당시의)는 물론 유럽까지 다니며 목숨을 아끼지 않고 전도한 대표적인 전도자였다. 뿐만 아니라 사도 바울이 활동하던 당시엔 복음을 전하는 사람도 복음을 들어본 사람도 많지 않았다. 그럼에도 불구하고 그는 다음과 같이 고백했다.

(롬 15:20) "또 내가 그리스도의 이름을 부르는 곳에는 복음을 전하지 않기로 힘썼노니 이는 남의 터 위에 건축하지 아니하려 함이라"

사도 바울이 이렇게 말할 수 있었던 이유는 복음을 위해 자신만이 쓰임받고 있는 것이 아니라는 사실을 잘 알고 있었기 때문이다. 당시에 복음은 전세계로 뿔뿔이 흩어진 많은 사도들을 통해서도 전해졌고, 또한 그와 심하게 다투고 헤어진 바나바를 통해서도 전해졌을 수 있다. 당시 복음 전파가 일방향으로 순차적으로 이루어진 것이 아니라, 다방향으로 동시에 이루어졌다는 것이 성경이 입증하는 역사적 사실이다(행 8:4). 바울은 자신이 전한 '복음'을 독보적인 것으로 여긴 것이지 결코 자신의 '전도 행위'나 '전도 스타일'을 독보적인 것으로 여긴 것이 아니었다.

성령께서는 어떤 교파인지 혹은 어떤 교단인지를 따져가며 그들의 기대나 계획에 맞추어 역사하시지 않는다. 성령의 역사는 교파나 교단과 상관없이 하나님과 진리를 찾는 사람들에게 하나님의 쓰임에 합당한 사람을 보내셔서 사람들이 미처 헤아리지 못한 방향으로 바람처럼 역사하신다. 이것이 예수님의 가르침이자(요 3:8) 사도 바울의 체험(행 16:6-7)이었다. 지역교회는 시간적으로 그리고 지리적으로 제한을 받고 있다는 사실과 내가 알지 못하는 다른 시대나 다른 지역에 하나님의 교회가 얼마든지 있을 수 있다는 사실을 인정해야 한다. 그래야 스스로 교만해질 수 있는 가능성을 조금이라도 줄일 수 있다.

교회 안에 거하라?

(요 15:4) "내 안에 거하라 나도 너희 안에 거하리라 가지가 포도나무에 붙어 있지 아니하면 절로 과실을 맺을 수 없음같이 너희도 내 안에 있지 아니하면 그러하리라"

본절의 말씀에서 "내 안에 거하라"는 말씀을 '교회 안에 거하라'는 뜻으로 자의적으로 해석하여, 교인들에게 자기가 목회하고 있는 교회에 소속되는 것이 마치 주님의 절대적인 명령인 것처럼 잘못 가르치는 목회자들이 의외로 많다. 위의 말씀에서 예수님께서 하신 "내 안에 거하라"는 말씀이 과연 많은 목회자들이 강조하는 것처럼 자기들이 목회하는 교회나 교단 안에 거하라는 명령인지 함께 생각해보자.

우선 이 문제를 바르게 이해하기 위해서는 앞서 설명한 '전우주적 교회'와 '지역교회'의 개념 차이를 먼저 이해해야 한다. 본절(요 15:4)에서 "내 안에 거하라"고 말씀하신 것은 예수님께서 교회의 머리이시므로 당신 안에 거하라고 하는 것은 곧 주님의 몸인 전우주적 교회 안에 거하라고 하는 것이 분명하다. 만일 이 말씀이 지역교회 안에 거하라는 의미라면, 사람들의 모임인 거듭난 사람들의 무리 속에 거한다는 의미이므로, 만약 사정상 무리에서 떨어져 홀로 지내고 있는 경우라면 주님 안에 거하는 것이 절대 불가능할 것이다. 그러나 주님 안에, 즉 전우주적 교회 안에 거하는 것은 어떤 상황에서도 얼마든지 가능하다. 이처럼 교회의 개념을 올바르게 정립하면 "내 안에 거하라"는 말씀이 전달하고 있는 뜻도 분명해진다.

올바른 교회 안에 동거하며 다른 형제자매들과 동역하는 것은 분명히 아름다운 일이다. 그리고 지역교회가 그리스도인들에게 주는 유익과 영향력도 결코 작지 않다. 특히 거듭난 지 얼마 되지 않은 그리스도인들에겐 교회는 마치 유모의 품속과 같아서, 올바르게 성장하는 데 큰 도움을 줄 수 있다. 지역교회로부터 보호와 양육을 받을 수 있고, 규모 있는 삶을 유지할 수 있도록 도움받을 수 있으며, 그 안에서 서로 사랑을 실천하며 서로 의지하며 살아갈 수도 있다.

또한 자녀들이 함께 모여 부모님을 기쁘게 해드리는 것처럼 지역교회는 하나님의 자녀들이 함께 모여 하나님께 찬양과 예배를 드리는 소중한 장소가 될 수 있다. 뿐만 아니라 하나님의 자녀들이 협력하여 아직 거듭나지 못한 영혼들을 전도하는 것 또한 지역교회의 중요한 기능이자 함께 참여하여 얻을 수 있는 영적 기쁨이라고 할 수 있다. 이처럼 지역교회는 그리스도인들이 신앙생활을 해나가는 데 많은 도움을 받을 수 있는 곳이기에, 지역교회에 머무는 것은 매우 중요하고 분명히 권장할 만한 일이다.

그러나 거듭난 사람들이 지역교회에 거하는 것이 반드시 신앙생활에 필수적이라고는 말할 수 없다. 때로 그리스도인들은 하나님과의 올바른 관계를 재정립하기 위해서, 또는 신앙의 성장과 훈련을 위해서 무리를 떠나야 하는 경우도 있다. 성경에 기록된 몇 가지의 예를 들어보겠다.

모세는 하나님께서 자기를 통해 이스라엘 민족을 구원하실 것이라 믿었기 때문에(행 7:25) 동족들을 도우려 했다. 그러나 오히려 동족들의 폭로로 미디안으로 도망해야 했으며, 무리를 떠나 오랜 시간을 홀로 지내야 했다. 그리고 때가 되자 하나님께서는 시내산에서 그를 다시 부르셔서 그와 교제하셨다. 선지자 엘리야도 갈멜산의 대결에서 백성들 앞에서 큰 승리를 보여주었으나 곧바로 이어진 이세벨의 협박으로 홀로 도망했다. 그는 철저히 혼자로서의 괴로움을 하나님께 토로하기도 했다(왕상 19:10). 그러나 하나님께서는 그런 그를 내버려두지 않으시고 하나님의 산인 시내산으로 부르시고 거기서 그와 교제를 가지셨다. 사도 바울은 회심을 경험한 후 즉시 예수가 그리스도임을 전파했다. 그러나 그의 전도 노력은 얼마 가지 못했고, 그는 아라비아의 시내산으로 갔다(갈 1:17, 4:25). 그 후 예루살렘과 다메섹에도 교회가 있다는 것을 알고 있었음에도 다소에서 3년간 지냈으며, 바나바가 그를 찾아오기까지는 동역할 수 있는 많은 그리스도인들과 떨어져 홀로 지낸 것으로 보인다.

이들 외에도 역사상 하나님의 사람들이 홀로 지낸 경우는 항상 있어왔다. 이같이 거듭난 하나님의 자녀들도 하나님의 계획에 따라 때로는 하나님과의 더 깊은 교제를 위해, 때로는 일꾼으로 쓰임받기 위한 훈련 과정으로, 교제로부터 분리되어 외로움의 장소로 얼마든지 옮겨질 수 있다. 마찬가지로 지역교회로부터 분리된 상황에서도 하나님과 동행하고 예수님 안에 거하는 것이 얼마든지 가능하다는 것이다.

반대로 몸으로는 지역교회 안에 거하면서도 영적으로는 주님을 떠나 사는 것도 얼마든지 가능하다. 예를 들면 고린도 교회의 성도들은 비록 교회라는 울타리 안에 있었지만 교회 내의 분파, 우상숭배, 음행 등 수많은 문제들이 있었다. 이것은 곧 그들이 주님을 떠나 살고 있었다는 방증이다. 또한 갈라디아 교회의 그리스도인들 중에서는 유대(율법)주의로 돌아간 사람들이 많았다. 바울은 그들을 그리스도에게서 끊어진 자라고 말하기도 했다(갈 5:4). 결국 혼자 떨어져 있다고 해서 주님 안에 거할 수 없는 것도 아니고, 무리 속에 살고 있다고 해서 반드시 주님 안에 거한다고 할 수도 없다.

또한 예수님께서는 지역과 시대를 초월하여 전 세계의 모든 거듭난 그리스도인들을 인도하고 계시는 '전우주적 교회'의 머리이신 것이지, 특정 지역이나 특정 교단의 사람들만의 머리가 아니시며, 또 그들이 모여서 연합한 모임 자체가 곧 예수님 몸의 전부라고도 할 수 없다. 결국 '무리 안에 거하느냐'보다 더욱 중요한 것은 '주님 안에 거하느냐'이다. 그래서 교회(지역교회) 안에 거한다는 것과 예수님 안에 거한다는 것을 동일시해서는 안 된다.

예수님께서는 '교회(지역교회) 안에'라고 말씀하시지 않고 분명하게 '내 안에'라고 말씀하셨다. 사도 바울도 전도 여정을 통해 태어난 그리스도인들과 헤어질 때 마다 '교회(지역교회) 안에 거하라'고 하지 않고 '하나님의 은혜 가운데 거하라(행 13:43)'거나 '믿음 안에 거하라(행 14:22)'고 권고했다. 믿음 안에 거하는 것이 곧 주님 안에 거하는 것이기 때문이다.

어느 지역교회 혹은 교단에 속해 있느냐보다 더 중요한 것은 주님 안에 거하느냐 하는 것이다. 그런데 대부분의 기독교인들은 전우주적 교회 안에 거하는 것보다 지역교회를 찾고 거하는 데 더 많은 노력을 기울이고 있는 실정이다. 물론 지역교회에 거하면서 전우주적 교회 안에 거하는 것도 얼마든지 가능하고, 때로는 지역교회가 전우주적 교회로 인도되는 통로로 사용될 수 있다. 그렇기 때문에 지역교회 안에 거하려고 애쓰는 것을 결코 잘못되었다고 말할 수는 없다.

그러나 많은 사람들이 전우주적 교회보다 지역교회에 더 목을 매는 데에는 다른 이유가 있어 보인다. 앞서 설명한 대로 교회의 개념이 바르게 정립되어 있지 않은 것이 그 이유이기도 하지만, 이와는 별개로 또 다른 근본적인 이유가 있다. 그것은 바로 사람들은 본성적으로 눈에 보이지 않는 대상보다 눈에 보이는 대상을 더 신뢰하고 따르려는 경향이 있다는 것이다. 대부분의 사람들은 눈에 보이지 않는 전우주적 교회보다는 우선 눈에 보이는 지역교회를 찾게 되고, 또 눈에 보이지 않는 예수님보다는 눈에 보이는 목사님에게 더 의지하려 하는 경향이 있는 것이다.

사람들의 이런 본성은 이스라엘 역사를 통해서도 확인해볼 수 있다. 이스라엘 백성들이 애굽에서 나오게 되었을 때, 그들은 홍해에서 보여주신 하나님의 전능하신 능력을 직접 경험하고, 그 결과로 보이지 않는 하나님을 두려워하고 믿게 되었다(출 14:31). 그러나 하나님은 여전히 눈에 보이지 않았고 그들은 금새 답답해졌다. 그래서 그들은 자신들을 위해 눈에 보이는 금송아지 우상을 만들고 그것을 '자기들을 애굽에서 건져내신 하나님'이라고 믿고 싶었다(출 32:4). 하나님께서는 이와 같은 인간의 나약함을 이미 잘 알고 계셨기 때문에 십계명 중 두 번째 계명을 통하여 분명하게 명령하셨다. "어떤 형상이든지…, 너를 위하여 새긴 우상을 만들지 말고…"(출 20:4). 그럼에도 불구하고 그들은 하나님의 명령보다는 자신들의 본성을 따랐고, 결국 그 대가를 혹독하게 치러야 했다.

이 같은 인간의 본성 혹은 나약함 때문에 동일한 오류가 오늘날에도 여전히 되풀이되고 있다. 사람들은 보이지 않는 하나님보다 뭔가 보이는 대상을 더 필요로 했고, 그래서 그들은 목회자와 같은 누군가 눈에 보이는 이를 더 선호하게 되었다. 이것이 많은 사람들이 눈에 보이는 목회자를 눈에 보이지 않는 주님보다 더 따르는 이유 중 하나가 되었다. 그리고 더 심해질 경우 목회자를 우상시까지 하게 되는 것이다.

성경에는 이와 관련한 또 하나의 예가 제시되고 있다. 이스라엘의 마지막 사사 사무엘이 활동하던 시대에 이스라엘 민족은 사무엘에게 왕을 달라고 요구했다. 그들은 그들의 진정한 왕이

셨던 눈에 보이지 않는 하나님을 버리고, 그 대신에 눈에 보이는 왕을 구한 것이다.

> (삼상 8:7) "여호와께서 사무엘에게 이르시되 백성이 네게 한 말을 다 들으라 이는 그들이 너를 버림이 아니요 나를 버려 자기들의 왕이 되지 못하게 함이니라"

그들은 자신들의 위에 왕을 세우게 되면 왕을 위한 많은 수고와 희생이 필요하다는 것을 듣고 알게 되었지만 기꺼이 감수하기로 했다. 그리고 자신들이 원하던 왕 때문에 고통받고 하나님께 부르짖을 날이 있을 것과 그들의 부르짖음이 거부될 것이라는 경고를 받고서도, 그들은 끝내 눈에 보이는 자신들의 왕을 얻고자 했다.

> (삼상 8:18-19) "그 날에 너희가 너희 택한 왕을 인하여 부르짖되 그 날에 여호와께서 너희에게 응답지 아니하시리라 백성이 사무엘의 말 듣기를 거절하여 이르되 아니로소이다 우리도 우리 왕이 있어야 하리니"

그만큼 그들은 본성에 따라 눈에 보이는 왕을 가지려고 했던 것이다. 그러나 그들이 원하는 왕을 가지게 되면서부터 더 어려워진 것은 하나님의 말씀을 듣는 것이었다. 하나님의 말씀이 사람의 말에 가려지기 시작한 것이다.

자, 이제 오늘날의 일반적인 기독교인들의 모습을 떠올려보라. 어쩌면 이스라엘 백성들이 자기들의 수고를 감수하고서라도 눈에 보이는 왕을 섬기고자 했던 것처럼, 오늘날의 많은 교인들도 기꺼이 눈에 보이는 목사님을 섬기기를 원하고 있는지 모른다. 더 나아가 자신들을 목회하는 목사님에 대한 충성도가 하나님에 대한 충성도보다 지나칠지도 모른다. 이것이 오늘날 사울 왕과 같은 많은 변질된 목회자가 생겨나고 있는 진짜 이유인지 모른다.

또한 많은 기독교인들이 교회생활을 신앙생활과 동일시하고 있는데, 이것 역시 큰 오해이다. 눈에 보이는 목사님을 따르고 눈에 보이는 성도들과 함께 일정한 패턴 속에서 지내는 교회생활은 비교적 단순하기 때문에 때로는 외식으로도 할 수 있다. 그에 반해 신앙생활은 결코 단순한 단체 생활이 아니며, 더군다나 외식으로는 절대 불가능하다. 보이지 않는데도 불구하고 주님을 믿고 따르는 것이 진정한 믿음이자 신앙생활이기 때문이다.

교회생활이 개인 신앙생활의 일부가 될 수는 있어도, 교회생활이 결코 신앙생활의 전부가 될 수는 없다. 물론 성령께서 인도하시고 역사하시는 교회에 거할 수 있다면 더할 나위 없이 좋을 것이다. 그러나 그런 교회에 속해 있다고 해서 반드시 주님과의 교제가 보장되는 것도 아니고 신앙 성장이 저절로 이루어지는 것도 아니다. 그리스도인으로서 각자의 믿음과 생활은 오히려 주님과의 개인적인 만남(personal encounter)에 더 좌우되기 때문이다.

교회가 개인의 신앙생활에 큰 도움을 줄 수 있는 것은 사실이지만, 동시에 잘못된 교회나 목회자를 만나게 되면 큰 손해를 당할 수 있음도 기억해야 한다. 미국의 감리교 선교사이자 신학자였던 스탠리 존스(E. Stanley Jones)는 일찍이 "교회가 교회 구실을 못 하면 교회 밖에서라도 기독교는 살아야 한다."라고 말한 적이 있다. 그도 교회가 얼마든지 제 구실을 하지 못할 수 있다는 것과 동시에, 개인의 신앙생활에 교회가 절대적인 것은 아니라고 믿었던 것 같다.

그와는 반대로 그리스도인으로서 주님과의 관계는 절대적이다. 그래서 그리스도인들은 교회와의 올바른 관계를 추구하기에 앞서 주님과의 올바른 관계를 먼저 추구해야 한다. 만약 주님과의 관계보다 교회와의 관계를 더 중요시하거나 혹은 교회에 참여하는 것이 절대적이라고 가르치는 곳이 있다면, 그 교회가 참된 하나님의 교회인지 의심해볼 필요가 있다.

요한계시록(2~3장)에 등장하는 일곱 교회에 대한 주님의 평가를 상기해보자. 당시의 각 교회에는 다양한 종류의 영적 위험이 도사리고 있었다. 니골라 당의 교훈의 위험도 있었고, 이세벨의 악행의 위험도 있었으며, 사단의 회(會)가 들어온 곳도 있었고, 미지근한 신앙 태도의 위험도 있었다. 그리고 대부분의 교회에 주님의 책망도 있었다. 이 같은 사실들이 우리에게 가르쳐주는 것은 무엇인가?

일곱 교회를 온전한 주님의 몸 된 교회로 믿고 따라가야 한다거나 혹은 반드시 일곱 교회에 소속되어야 한다는 것은 주님의 교훈과 거리가 멀다. 또는 빌라델비아 교회처럼 책망 받지 않는 완벽한 교회에 거해야 한다는 것도 아니다. 빌라델비아 교회는 분명 다른 교회들보다 나은 교회였지만 그 역시 완벽한 교회는 아니었기 때문이다. 일곱 교회에게 주셨던 주님의 일관되고 분명한 메시지는 생명나무의 과실을 먹기 위해, 생명의 면류관을 얻기 위해, 흰 돌을 얻기 위해, 새벽별이 되기 위해, 생명책에 이름이 쓰여지기 위해, 하나님의 성전에 기둥이 되기 위해, 그리고 주님의 보좌에 함께 앉기 위해 반드시 '이기는 자가 되어야 한다'는 것이었다. 이기는 자가 된다는 것은 주님의 이름을 위하여 견디는 것이고, 죽도록 충성하는 것이며, 주님을 믿는 믿음을 저버리지 않는 것이고, 복음을 굳게 잡는 것이며, 인내의 말씀을 지키는 것이고, 미지근하지 않고 열심을 내는 것이다.

일곱(지역) 교회에 거하는 것은 중요하지만, 일곱 교회에 거한다는 것과 이기는 자가 되는 것은 별개의 문제가 될 수 있다는 사실을 잊지 말아야 한다. 귀 있는 자(개인)는 성령이 교회(무리)들에게 하시는 말씀을 듣기 바란다.

교회생활	신앙생활
교회가 활동 무대	삶 자체가 활동 무대
일정한 패턴에 따라 규칙적으로 생활하는 것	예측 불가능한 상황을 믿음으로 이겨내는 것
목사나 교인들의 눈치를 봄	주님의 눈치를 봄
불신자도 참여 가능	오직 신자만 가능
혼자서는 불가능	혼자서도 가능
교회 안에 거하는 것이 목표	주님 안에 거하는 것이 목표
교인 증가에 기뻐함	신앙인 증가에 기뻐함

“하나님의 말씀을 너희에게 일러주고 너희를 인도하던 자들을 생각하며
그들의 행실의 결말을 주의하여 보고
그들의 믿음을 본받으라”

(히 13:7)

3장.

잘못된 목회자에 속는 교인들

이리와 같은 거짓 선지자들

소경과 같은 인도자들

주장하는 장로들

변질되어가는 목회자들

이리와 같은 거짓 선지자들

(마 7:15) "거짓 선지자들을 삼가라 양의 옷을 입고 너희에게 나아오나 속에는 노략질하는 이리라"

본절에서 예수님께서는 제자들에게 거짓 선지자들을 '양의 옷을 입은 노략질하는 이리'에 비유하며 그들을 삼가라고 명하셨다. 양의 탈을 쓴 이리와 같은 거짓 선지자들은 구약 시대 이스라엘의 역사에도 있었고, 예수님 시대에도 있었으며, 오늘날에도 여전히 존재한다. 거짓 선지자들과 같은 목회자들에게 교인들은 하나의 먹잇감으로 보일 뿐이다. 자기들을 추종하는 교인들을 '노략질'하는 것이 그들의 최종 목표이다.

거짓 선지자들의 노략질은 물질적·정신적 피해뿐만 아니라 결국 사람들의 영혼을 멸망의 길로 인도할 수 있다는 점에서 그 문제의 심각성이 매우 크다고 할 수 있다. 거짓 선지자들에 관한 이 같은 경고는 예수님뿐만 아니라 베드로, 요한과 같은 다른 사도들에 의해서도 주어졌다.

(벧후 2:1) "그러나 백성 가운데 또한 거짓 선지자들이 일어났었나니 이와 같이 너희 중에도 거짓 선생들이 있으리라 그들은 멸망하게 할 이단을 가만히 끌어들여 자기들을 사신 주를 부인하고 임박한 멸망을 스스로 취하는 자들이라"

(요일 4:1) "사랑하는 자들아 영을 다 믿지 말고 오직 영들이 하나님께 속하였나 분별하라 많은 거짓 선지자가 세상에 나왔음이라"

거짓 선지자들에 대한 예언과 경고는 사도 베드로와 요한이 활동하던 초대교회 시대뿐만 아니라 그 후로도 계속해서 현실이 되어왔다. 기독교가 전세계적으로 퍼진 오늘날에는 기독교의 이름으로 더 많은 거짓 선지자들이 활개 치며 난무하고 있는 것 같다. 그러나 다행히도 예수님께서는 거짓 선지자들을 알아볼 수 있는 간단한 방법을 알려주셨다. "그의 열매로 그들을 알리라"(마 7:20). 나쁜 나무가 좋은 열매를 맺을 수 없듯 거짓 선지자들은 나쁜 열매를 맺기 마련이다. 그리고 그들이 맺는 나쁜 열매들이란 알기 어려운 것들이 아니다.

그들은 돈을 좋아하고 색욕을 좇으며 권력이나 명예를 추구

한다. 그러나 그들이 처음부터 노골적으로 탐욕을 드러내지는 않는 경우가 많다. 처음에는 양과 같은 순한 모습으로 위장하고 교인들에게 온유하고 친절하게 접근한다. 그리고 온갖 신령하고 부드러운 말로써 교인들을 속인 후 자기를 따르게 하고 서서히 본색을 드러낸다. 이러한 이유로 목회자들의 열매를 확인할 때까지는 신중하게 그들을 주의해보아야 할 필요가 있다.

그런데 실상은 섣불리 거짓 선지자들을 신뢰해버리는 경우가 많은 것이 문제다. 더욱 심각한 문제는 거짓 선지자들이 본색을 드러내기 시작할 때라도 정신을 차려야 하는데, 그들에게 완전히 노략 당할 때까지 알아채지 못하는 교인들이 많다는 것이다.

그러면 어떤 사람들이 거짓 선지자들의 피해자가 될 가능성이 높을까?

> (딤후 4:3-4) "때가 이르리니 사람이 바른 교훈을 받지 아니하며 귀가 가려워서 자기의 사욕을 따를 스승을 많이 두고 또 그 귀를 진리에서 돌이켜 허탄한 이야기를 따르리라"

사도 바울은 때가 되면 사람들이 바른 교훈을 받지 않고, 자기의 사욕을 따를 잘못된 스승을 많이 두며 진리를 외면하고 허탄한 이야기를 따른다고 경고하고 있다. 세상에서도 사기꾼의 피해자가 되는 사람들은 순진(무지)하거나 사욕에 눈과 귀가 멀어 있기 때문인 경우가 많다. 영적인 사기도 마찬가지다.

하나님의 사람은 하나님의 말씀을 듣게 되어 있고(요 8:47), 양들은 목자의 음성을 듣고 따라가게 되어 있다(요 10:4). 하지만 하나님의 말씀에 무지하거나 옳지 않은 목적에 마음을 빼앗기고 있다면, 거짓 선지자들의 허탄한 이야기에 쉽게 속을 것이다. 그래서 사기를 당하지 않기 위해서는 평소에 하나님의 말씀을 가까이해야 하며, 목자의 음성에 익숙해져야 한다. 매일 섭취하는 음식의 맛은 금방 감별해낼 수 있듯 하나님의 말씀도 매일, 자주 섭취한다면, 바른 교훈과 다른 교훈을 어렵지 않게 구별할 수 있을 것이며, 허탄한 이야기를 멀리하고 진리에 좀 더 귀를 기울일 수 있을 것이다.

(욥 12:11) "입이 음식의 맛을 구별함같이 귀가 말을 분간하지 아니하느냐"

거짓 선지자와 거짓 가르침에 대한 분별은 각자의 몫이다. 분별을 위해 타인에게 도움을 받을 수는 있지만, 분별을 타인에게 일임해서도 안 되고 번거롭다는 이유로 분별하는 것을 결코 포기해서도 안 될 것이다.

소경과 같은 인도자들

세상에는 또 다른 종류의 거짓 선지자들도 있다. 양의 탈을 쓴 이리와 같은 자들과 달리, 그들의 마음은 순진할 수도 있고 진심으로 하나님을 향한 열성을 가지고 있을 수도 있다. 문제는 그들이 하나님의 뜻과 진리를 올바르게 분별할 수 없다는데 있다. 그들은 여호와의 회의에 참석한 적이 없는(렘 23:18) 영적인 소경과 같은 사람들이다. 예를 들면 아담의 아들인 가인과 같은 사람이다. 가인은 자기의 열심으로 정성스럽게 준비한 제사를 하나님께 드렸다. 하나님께 향한 열심은 동생 아벨보다 더 컸을지 모른다. 문제는 그가 드린 제사는 하나님의 뜻과 상관없는 제사였다는 것이다.

하나님의 뜻과 상관없이 종교적으로 열심을 내는 사람들은 예수님께서 활동하시던 시대에도 많았다. 마태복음 23장에서 예수님께서 책망하셨던 서기관들과 바리새인들이 대표적이다. 그들은 하나님께 대한 열심은 있었지만, 올바른 지식이 없는 종교적인 사람들이었다(롬 10:1-3). 그래서 예수님께서는 그들의 소경 됨을 반복해서 지적하셨다(마 23:16,17,19,24,26).

그 시대의 대표적인 바리새인 중 한 명이 바로 바울(사울)이었다. 아나니아의 전도를 통해 거듭나기 전까지 그는 영적인 소경이었다(행 22:16). 그가 영적인 소경이라는 것을 깨닫게 하기 위해서 예수님께서는 다메섹 도상에서 그의 눈을 멀게 하셨다. 눈에서 비늘이 떨어진 이후에야 비로소 바울은 모든 그리스도인들에게 매우 유익한 하나님의 일꾼이 되었다. 그러나 그전까지의 바울은 그리스도인들에게 매우 위험한 열성적인 종교인에 불과했다.

이렇게 위험한 소경 같은 종교인들이 오늘날에도 도처에 널려 있다. 세상에는 열성적인 목사들도 많고 순수한 마음으로 어려운 사람들을 위해 희생하고 봉사하는 목사들도 많다. 그런데 그들이 진리를 올바로 분별하지 못하고 있다면 아무런 소용이 없다. 인도하는 소경이나 인도받는 소경이 모두 착한 마음을 가진 사람일 수는 있다. 그러나 소경이 소경을 인도하면 둘 다 구덩이에 빠질 수밖에 없다는 것은 너무나 자명한 사실이 아닌가? 목회자들의 순수한 열성만 믿고 무조건 따르다가는 큰 낭패를 볼 수 있다. 누구나 희생자가 될 수 있음을 기억하고, 올바른 목회자에 대한 분별력을 갖도록 노력해야 한다.

좋은 목회자와 함께한다면 신앙생활에 큰 도움을 얻을 수 있다는 것은 분명한 사실이다. 그런데 좋은 목회자란 결코 연륜이 많은 사람을 말하는 것도 아니고, 언변이 뛰어난 사람을 말하는 것도 아니며, 지식이 많은 사람을 말하는 것도 아니다. 하나님께서는 입이 둔한 모세(출 4:10, 6:12 6:30)를 이스라엘 백성의 인도자로 삼으셨고, 연륜이 많은 엘리 제사장이 아닌 어린 사무엘을 찾아 말씀하셨으며, 또 지식이 없는 베드로를 사도로 부르셨다. 언변이나 연륜 그리고 지식이 없는 사람들을 일부러 사용하셨다는 뜻이 아니라, 그것들보다 더욱 우선적으로 요구되는 자질이 있다는 뜻이다. 그 자질은 바로 하나님께서 주시는 깨달음, 즉 영감(inspiration)이다.

(욥 32:7-9) "내가 말하기를 나이가 많은 자가 말할 것이요 연륜이 많은 자가 지혜를 가르칠 것이라 하였노라 그러나 사람의 속에는 영이 있고 전능자의 숨결이 사람에게 깨달음을 주시나니 어른이라고 지혜롭거나 노인이라고 정의를 깨닫는 것이 아니니라"

욥기에 등장하는 엘리후의 말에 의하면, 대인이나 노인이어서 하나님의 말씀을 올바로 깨닫는 것이 아니라, 전능자의 영이 그 안에 있어야 깨달음을 얻을 수 있다고 한다. 이 깨달음이 바로 영감이다. 영감은 세상의 지식에 의해서 생기는 것도 아니고, 남다른 종교적 열정을 가졌다고 해서 저절로 생기는 것도 아니다. 영감을 얻을 수 있는 사람들은 하나님을 가까이하는 사람들이다. 술을 가까이하는 사람이 술에 취할 가능성이 많은 것처럼, 하나님을 가까이하고 하나님의 말씀을 가까이할수록 성령에 취할 가능성이 높다.

또한 자신의 도덕성이나 종교적 열성 혹은 세상적인 능력에 스스로 만족하여 눈이 가려진 사람들이 아니라, 비록 내세울 만한 능력이 없을지라도 늘 하나님과 동행하며 하나님만을 경외하는 겸손한 삶을 사는 사람들이다. 하나님께서는 열정과 함께 패기 넘치는 40세의 모세가 아닌, 모든 것을 잃고 겸손해진 80세의 모세를 사용하셨다. 그리스도와 함께 죽기를 각오했던 열정의 베드로가 아닌, 예수님을 세 번이나 부인하는 실패를 하고 돌이켰던 겸손해진 베드로를 사용하셨다.

하나님께 쓰임 받았던 많은 위인들을 떠올려보라. 하나님의 영이 그들과 함께했기 때문에 그들에게 지혜가 있었고, 하나님의 백성들을 인도할 수 있었다. 오늘날의 목회자들도 예외가 될 수 없다. 많은 사람들에게 칭찬 받는 마음 좋은 목사님도 좋지만, 그보다는 비록 고지식하거나 고집 세게 보이는 사람이라 할지라도 하나님의 영이 함께하시는 목회자와 함께하는 것이 훨씬 안전할 것이다.

주장하는 장로들

하나님의 백성을 하나님의 뜻대로 인도하는 목회자, 즉 하나님의 일꾼으로서의 자기의 위치를 지키고 맡겨진 직분을 잘 수행하는 목회자들은 존경 받아 마땅하다고 믿는다. 또한 교회의 성도들이 하나님께 합당하게 쓰임 받는 훌륭한 목회자들을 신뢰하고 따르며 또 그들을 잘 대접하는 것은 전혀 문제될 것이 없을 뿐만 아니라, 오히려 권고 사항이라고 할 수 있다.

> (딤전 5:17) "잘 다스리는 장로들을 배나 존경할 자로 알되 말씀과 가르침에 수고하는 이들을 더할 것이니라"

사도 바울은 '잘 다스리는 장로들'을 배나 존경할 자로 여기라고 권하고 있다. 잘 다스리는 장로들이란 교회를 감독하는 권위를 부여받은 장로들로서, 바른 교훈과 말씀으로 주의 무리를 사랑으로 잘 돌보고 또 잘 인도하는 사람들이다(참고로, 여기서 말하는 장로란 현재 한국의 교계에서 사용되고 있는 장로의 개념과는 다소 차이가 있다. 신약성경에 등장하는 장로와 감독의 역할은 현재 목회자의 역할이나 다름이 없었다). 그러나 성경엔 '잘 다스리는 장로'만 등장하는 것이 아니다.

(벧전 5:2-3) "너희 중에 있는 하나님의 양 무리를 치되 억지로 하지 말고 하나님의 뜻을 따라 자원함으로 하며 더러운 이득을 위하여 하지 말고 기꺼이 하며 맡은 자들에게 주장하는 자세를 하지 말고 양 무리의 본이 되라"

성경에는 '주장하는 자세를 취하는 장로'도 함께 언급되고 있다. 주장하는 자들이란 주어진 장로의 위치를 이용하여 권위주의를 부리는 사람들로서, 가르치는 자의 권위를 앞세워 주님의 무리 위에 군림하고 그 권위를 누리는 것을 마땅하게 여기는 사람들이라고 할 수 있다. 말씀을 가르치는 자에게는 하나님의 말씀을 선포하는 사람으로서의 '권위'가 필요한 것은 사실이다. 그렇지만 그것이 '권위주의'를 부리라는 의미는 아니다. 진정한 권위는 하나님께로부터 부여받는 것이다(수 3:7). 하지만 권위주의는 사람에 의하여 인위적으로 만들어진 것이다. 그러나 아이러니컬하게도 이 같은 '주장하는 목회자'를 '강한 리더십의 목회자'로 여기며 오히려 더 좋아하는 사람들이 있다. 강한 사람에게 의지하고 싶어 하는 인간의 본성에서 비롯된 것일 수는 있으나, 주장하는 목회자를 동경하거나 맹목적으로 지지하는 것은 결코 지혜로운 일이 아니다.

특히 자신들의 위치를 이용하여 교인들에게 순종을 요구하거나 교인들 위에 군림하려는 목회자들에게 맹목적으로 순종하는 것은 매우 위험한 일이다. 이들은 카리스마가 넘치는 목회자들이 아니라, 교회에서 제왕적인 위치를 누리려는 주장하는 장로들일 가능성이 크기 때문이다. 여기 주장하는 장로들을 알아볼 수 있는 세 가지 기준을 제시하고자 한다. 이 기준들은 곧 그들이 교회 안에서 자신들의 권력을 유지하기 위해서 집착하는 세 가지의 대표적인 권한이라고도 할 수 있다.

첫 번째는 재정권이다. 목회자가 교회의 재정권을 쥐고 있는 것은 다음과 같은 이유로 위험하다. 첫째 이유는 자신이 탐욕의 죄에 빠질 수 있기 때문이고, 둘째 이유는 다른 사람들을 돈으로 조정하려는 유혹에 빠질 수 있기 때문이고, 셋째 이유는 교회의 재정권을 쥐고 있다는 사실 자체만으로도 사람들에게 오해를 불러일으킬 수 있기 때문이다. 목회자에게 맡겨진 직분은 결코 재정의 관리나 집행이 아니다. 초대교회 시대에도 사도들은 말씀을 전하는 것과 기도하는 것에 전념할 수 있도록, 구제 같은 성도를 돌아보는 일은 집사들에게 맡겼다. 사도 바울도 교회의 부조를 전달한 적인 있었지만 교회의 재정권을 행사했다는 기록은 없다. 예수님이 제자들과 지내실 때 돈주머니를 가지고 있던 사람은 선생이 아닌 제자 가룟 유다였다.

오히려 목회자는 교회의 재정권과는 가급적 멀리 떨어져 있어야 한다. 그래야 목회자를 넘어트리려는 사단의 유혹으로부터 자신을 지킬 수 있다. 또 교인들로부터의 불필요한 오해를 피하고, 오염되지 않은 목회자로서의 신뢰를 유지할 수 있을 것이다. 만일 교회의 모든 재정권을 쥐고 있으면서 절대 놓으려고 하지 않는 사람이 있다면, 그는 이미 물욕에 대한 감각이 무뎌졌거나, 아니면 자기도 모르게 교회를 임의대로 주관하려는 마음이 생겼을 가능성이 크다.

두 번째는 인사권이다. 목회자가 교회 내 인사의 여러 결정권자 중 한 사람으로서 역할을 하는 것은 전혀 이상한 일이 아니다. 그러나 만일 목회자가 자신의 가족이나 친인척 혹은 가까운 지인을 객관적 기준이 없이 임의로 사역자나 직분자로 임명한다거나, 또 사역자들의 사역지를 마음대로 바꾸려고 하는 것은 교회를 마치 자신이 경영하는 사업체처럼 생각하기 때문일 가능성이 크다.

초대교회 시대에도 교회 내의 인사는 특정 개인이 마음대로 할 수 있는 일이 아니었다. 예를 들면 열두 사도 중 가룟 유다의 빈자리를 채울 새로운 사도를 세워야 했을 때, 먼저 여러 사람들의 추천을 받았고, 그 후 기도 가운데 제비를 뽑아 하나님의 뜻에 맡겼다(행 1:23-26). 사도 바울은 필요한 경우 사역자를 직접 세우기도 했지만, 결코 자기 마음대로 결정하고 임명한 것이 아니었다. 사역자나 직분자들을 세우기 위한 성경적이고 객관적인 기준을 바울은 이미 가지고 있었다는 사실과, 또 인사권을 독점하지 않고 지역교회의 목회자들에게 정해진 기준에 따라 감독, 집사, 장로들을 직접 세우도록 했다는 사실이 이를 입증해준다(딤전 3:1-13, 딛 1:5-9).

사역자의 임명뿐만 아니라 사역자의 파송도 특정 사도의 일방적인 명령이나 고집에 의하여 이루어지지 않았다. 예를 들면 안디옥 교회의 이방인 성도들에게 필요한 교훈을 전하기 위해서 예루살렘 온 교회가 의논한 후, 유다와 실라를 보내기로 함께 결정하기도 했다(행 15:22). 또 바울은 아볼로를 고린도 교회에 보내고자 하였으나 아볼로가 원치 않았을 때 바울은 그를 억지로 보내지 않았다. 오히려 아볼로의 자발적인 결정을 기다린 것으로 보인다(고전 16:12). 목회자가 하나님의 사람들인 성도들을 자기가 마음대로 할 수 있는 대상으로 착각하는 순간 목회자의 변질은 이미 시작된 것이나 마찬가지다. 이 성도들은 다른 사역자들도 될 수 있고 일반 교인들도 될 수 있다.

세 번째는 교리의 결정권이다. 만일 어떤 교회에서 가르쳐지는 교리의 대부분이 특정 목회자의 사적인 해석에 결정되고 있다면, 이는 큰 문제가 될 수 있다. 교회의 권력을 유지하고 싶어 하는 교주격인 목회자는 성경을 자기에게 유리한 쪽으로 해석하려고 할 것이고, 그 교회는 어쩔 수 없이 교주가 성경을 해석하는 방향으로 따라갈 수밖에 없다. 그래서 오늘날 교회마다 갖가지의 이단적인 교리가 우후죽순처럼 탄생하고 있는 것이다. 성경을 해석하는 데 있어서는 따라야 할 기본 원칙들이 있다. 합당한 성경해석의 원칙에 따라 누구나 수긍할 수 있는 보편적인 진리를 가르치지 않고 자신이 유리한 대로 성경을 자의적으로 해석하려는 것은 그가 악한 마음을 품었기 때문이거나, 아니면 성경에 대해서 무지하기 때문일 것이다.

그러면 성경 해석에 있어서 견해차이가 생길 때는 어떻게 하는 것이 좋을까? 초대교회 시대의 좋은 예를 하나 소개하겠다. 유대주의자들이 안디옥 교회의 이방인 형제들에게 "모세의 법대로 할례를 받지 아니하면 구원을 받을 수 없다"(행 15:1)고 주장한 적이 있었다. 그리고 이 문제는 교회 내의 큰 다툼으로 번졌다(행 15:2). 물론 이 문제와 관련한 사도 바울의 입장은 로마서나 갈라디아서에서 보듯 항상 일관되었고 이미 확신도 있었다. 그러나 그는 자기의 입장을 관철시키려고 억지를 부리거나 이견을 가진 유대주의자들을 강제로 분리시켜내지 않았다. 안디옥 교회는 이 문제를 많은 사도들과 장로들이 모여 있는 예루살렘 교회에 의뢰했다. 그리고 예루살렘 교회는 함께 의논했다.

(행 15:6-7) "사도와 장로들이 이 일을 의논하러 모여 많은 변론이 있은 후에…"

사도행전에는 베드로와 야고보의 발언 내용만 기록되고 있으나, 분명한 사실은 이 문제가 정리되는 과정에 사도들의 의논과 많은 변론이 있었다는 점이다. 이는 교회가 교리적인 문제를 정리하는 데 있어서도 영향력 있는 특정인의 독단적인 결정에 선불리 맡기지 않고, 사도들의 지혜를 모아 최대한 오류를 피하려 했다는 사실과, 그 과정 가운데 역사하시는 성령의 인도하심을 따르려고 했음을 보여주는 대목이라고 할 수 있다. 그런데 만일 어떤 교회에서 특정인이 성경 해석의 최종적인 권위자인 것처럼 자의적인 성경 해석을 교인들에게 억지로 주입시키려 한다면, 이 역시 그가 교회를 언제든지 자기 뜻대로 조정할 수 있는 대상으로 여기고 있다는 증거일 수 있다.

혹시라도 지금 이 글을 읽고 있는 독자들 가운데 '교회에도 민주주의가 필요하구나'라고 오해하지 않기를 바란다. 교회에서 민의(民意)를 주장하는 민주주의는 자칫 더 심각한 문제들을 야기할 수 있다. 이스라엘 백성들이 왕을 갖게 해달라고 한 것이나(삼상 8:5) 예수님을 십자가에 넘겨준 것들이 모두 거센 파도와 같이 거부할 수 없는 민의에 의한 결과들이었음을 기억하기 바란다. 필자가 초대교회 시대의 예를 든 이유는 사도들이 먼저 성경적인 기준을 세우고 교회의 의견을 수렴하고 또 당사자의 의사를 존중했던 것은 교회의 모든 문제를 특정 개인의 생각대로 억지로 풀려고 하지 않고 성령의 인도하심, 즉 하나님의 뜻과 시간표에 맡기려고 애썼던 사도들의 노력이자 지혜였다는 것을 강조하고 싶었기 때문일 뿐이지, 결코 민의를 수용해야 한다는 의미가 아니라는 점을 짚고 넘어가겠다.

어쨌든 목회자가 인위적인 권력으로 교인들에게 영향력을 행사하려고 한다면, 그에게는 처음부터 성령의 능력은 없었거나 아니면 이미 잃었기 때문일 것이다. 목회자가 성령에 취하지 않고 위와 같은 권력에 취해 있다면, 이미 그는 타락했기 때문일 것이다. 목회자는 중매쟁이로서의 역할을 하는 것이지(고후 11:2) 결코 남편 역할을 하는 것이 아니며, 유모의 역할을 하는 것이지(살전 2:7) 결코 친부모 역할을 하는 것이 아니다.

어떠한 이유에서든지 목회자가 교인들의 신앙생활이 마치 자기 손에 달린 것처럼 그들을 주장하거나 그들 위에 군림한다면, 그는 더 이상 하나님과 사람 사이의 중보자가 아닌 방해자가 되는 것이고, 또 하나님의 일꾼이 아닌 하나님을 대적하는 자가 되는 것이다. 교인들로부터 떠받침을 받고 있는 상태에서 겸손함을 유지하는 것은 결코 쉬운 일이 아니다. 그러나 예나 지금이나 겸손함을 잃지 않는 목회자들은 계속해서 있어왔고 또 지금도 있음을 믿는다. 그래서 오늘날의 교인들도 강력한 리더십을 겸비한 카리스마가 넘치는 목회자를 구하기보다는, 겸손함과 온유함을 겸비한 잘 다스리는 목회자를 구해야 할 것이다.

(살전 2:7) "우리는 그리스도의 사도로서 마땅히 권위를 주장할 수 있으나 도리어 너희 가운데서 유순한 자가 되어 유모가 자기 자녀를 기름과 같이 하였으니"

변질되어가는 목회자들

사도행전 20장 17절에서 38절까지에는 사도 바울이 3차 전도 여행을 마치고 성령에 이끌려 예루살렘으로 향하던 도중 밀레도에서 에베소의 장로들을 불러서 그들에게 유언과 같은 권고의 메시지를 전하는 내용이 기록되어 있다. 에베소(Ephesus)에서 밀레도(Miletus)까지는 약 80㎞의 거리로서 결코 가까운 거리가 아니었다. 하지만 에베소의 장로들은 기꺼이 바울을 만나기 위해 밀레도까지 여정을 마다하지 않았다. 또 그들은 바울의 유언과 같은 말을 듣고 헤어지기 전에 함께 무릎을 꿇고 기도하고 바울의 목을 안고 입을 맞추며 크게 울었던 사람들이다. 그런데 바울은 이처럼 신실한 장로들 중에서 "자기를 따르게 하려고 어그러진 말을 하는 사람들이 일어난다"고 분명하게 예언한 바 있다.

(행 20:30) "또한 여러분 중에서도 제자들을 끌어 자기를 따르게 하려고 어그러진 말을 하는 사람들이 일어날 줄을 내가 아노라"

한마디로 바울은 교회 안에서 변질된 목회자가 나타날 것을 미리 경고했던 것이다. 사도행전은 에베소 교회의 장로들의 변질까지를 기록하고 있지는 않으나, 역사상 하나님의 교회 내에서도 목회자들의 변질은 항상 있어왔다. 믿음과 성령이 충만했다고 기록된(행 6:5) 초대교회의 집사 니골라(Nicholas)도, 이레니우스(Ireneus)와 히포리투스(Hippolytus)와 같은 초대교회의 교부들의 증언에 의하면, 에베소 교회와 버가모 교회의 문젯거리였던 니골라 당(Nicholaitans)의 우두머리로 변질되었다고 한다.

이처럼 처음엔 순수하고 겸손한 마음으로 하나님과 교회를 섬기겠노라 마음 먹은 새내기 목회자들도 시간이 지나면서 어느새 초심을 잃고 마치 권력자처럼 교회에서 권세를 누리는 자로 변하거나, 또 자기를 따르게 하려고 당을 만드는 일은 역사적으로도 계속 되풀이되어오고 있다. 아마 그들도 처음엔 교만을 경계했을 수도 있다. 그러나 많은 사람들이 자기의 말에 순종하는 것을 보고 자기도 모르는 사이에 자기의 자리를 점점 높여갔을 것이다. 그리고 점차 높은 자리에 익숙해지면서 교만에 대한 죄책감마저 점점 무뎌졌을 것이다.

심지어 하나님의 말씀까지도 필요에 따라 자기에게 유리한 대로 해석하여 마치 성경을 해석할 수 있는 유일한 열쇠를 가진 사람인 것마냥 자기의 권위를 최대한 높이는 이들도 있어왔다. 결국 이들은 자기가 이끌고 있는 무리가 자기가 마음대로 할 수 있는 자기 소유의 무리라고 생각하게 된다. 어쨌든 한때 하나님께 귀하게 쓰임받은 사람이라 할지라도, 얼마든지 다시 변질될 수 있고, 파렴치한 죄에 빠질 수도 있으며, 더 나아가 양의 탈을 쓴 이리와 같이 완전히 타락할 수도 있다.

대부분의 기독교인들은 자기가 속한 교회나 교단의 목회자에게 순종하는 것이 교인으로서 절대적인 선(善)인 것처럼 믿는 경우가 많다. 그도 그럴 것이 대부분의 목회자들도 '순종이 안 되면 복종이라도 하라'고 교인들의 순종을 요구하고, 이를 위해서는 성경 말씀을 도용하는 것까지도 주저하지 않기 때문이다. 예를 들면 모세에게 대적했던 미리암에게 문둥병이 생긴 예를 들기도 하고(민 12:1-10), 또 어떤 경우에는 "순종이 제사보다 낫다"(삼상 15:22)라는 성경 말씀까지 사용하면서 더욱 눈먼 순종을 부추기기도 한다. 그런데 혹시 교인들의 목회자들에 대한 무분별한 순종이나 맹목적인 신뢰가 그들의 변질이나 타락의 좋은 환경을 만들어준 것이 아닐까?

몇 년 전 EBS에서 〈좋아하면 판단할 필요가 없다〉라는 제목의 다큐멘터리가 있었다. 내용을 간단히 소개하면, 미국의 한 학교 클래스에서 미국의 제3대 대통령인 토머스 제퍼슨이 "나는 약간의 반란은 좋은 것이며 자연계에서의 폭풍처럼 정치계에서도 필요하다는 것을 인정한다."고 말한 것에 동의하느냐는 질문에 대부분이 손을 들었다고 한다. 그런데 다른 클래스에서 동일한 말을 러시아의 공산주의 혁명가인 레닌이 했다고 하자, 대부분 동의하지 않았다고 한다. 이 같은 현상을 소위 감정전이(transfer of affect)라고 한다. 그 사람이 했던 말의 옳고 그름보다는 그 말을 한 사람에 대한 감정 혹은 호감도에 따라 동의의 여부를 결정한다는 것이다. 이러한 현상은 정치적인 견해에서도 쉽게 발견할 수 있다. 어떤 정치인의 발언의 진위를 따지는 것보다는, 그 정치인이 어느 당 소속이냐 그리고 내가 어느 당을 지지하느냐에 따라 그 정치인의 발언에 대한 동의 여부가 달라지는 이치와 비슷하다.

그런데 이와 같은 감정전이 현상이 교회에서는 더욱 빈번히 일어나고 있는 것 같다. 대부분의 교인들은 진리인지 아닌지의 판단을 자기가 선호하는 목회자 혹은 자기가 선호하는 교단의 가르침인지 아닌지에 따라 하는 경우가 많다. 다시 말하면 일단 자기가 좋아하거나 신뢰하는 목회자의 가르침은 진리인지 여부를 따져보지도 않고 무조건 받아들이는 경향이 있다는 것이다. 말 그대로 "좋아하면 판단할 필요가 없다"와 같이 되는 것이다. 일단 목회자와 감정적 유대관계를 형성하게 되면 교인들의 판단력은 벌써 흐려진다. 그래서 합리적이고 객관적인 판단을 내리기가 어려워진다. 이런 이유로 교인들은 자기가 좋아하는 교단의 가르침 혹은 목회자의 가르침을 맹목적으로 신뢰하게 된다. 그 가르침을 따질 만한 능력이 없을 수도 있지만, 더 중요한 것은 따지고 싶지도 않다는 것이다.

그리고 여전히 눈꺼풀이 덮여 있는 교인들에게 아무리 목회자의 오류를 드러내고 설명해주어도, 그들은 받아들이지 못한다. 심지어 교회의 비리나 목사의 부도덕한 행실이 드러난다 하더라도 그것을 판단하려 하지 않고, 오히려 이해하고 감싸려고만 한다. 그 결과 목회자는 자기의 위치를 갈수록 높여가고, 결국 완전히 타락하게 되는 것이다.

또한 한때 하나님께 쓰임받은 사람이었다는 사실 때문에 이미 변질된 목회자에게 한결같은 순종을 하려는 어리석은 추종자들도 많다. 그러나 '한번 믿는 사람은 끝까지 믿는다'고 하는 것은 심지가 굳은 사람이 아니라, 사고가 단순한 사람일 뿐이다. 한때 자기의 병을 치유해준 주치의가 치매에 걸렸다는 사실을 알고서도 그에게 자신의 건강을 계속 맡기는 것은 어리석은 일이다. 그처럼 영혼의 치매가 찾아온 목사에게 자신의 신앙을 계속해서 맡기는 것은 더욱 어리석은 일이 아니겠는가? 그래서 목회자에 대한 맹목적인 신뢰와 무분별한 순종은 오히려 훨씬 위험한 결과를 초래할 수 있다. 자칫 잘못된 하나님 혹은 잘못된 복음을 좇을 수도 있고, 자신의 인생과 영혼까지 망가트릴 수 있기 때문이다.

(히 13:17) "너희를 인도하는 자들에게 순종하고 복종하라 저희는 너희 영혼을 위하여 경성하기를 자기가 회계할 자인 것같이 하느니라 저희로 하여금 즐거움으로 이것을 하게 하고 근심으로 하게 말라 그렇지 않으면 너희에게 유익이 없느니라"

위의 말씀을 보면 순종해야 할 인도자들에게는 자격 조건이 있음을 알 수 있다. 설사 그들이 유능한 장로는 아닐지라도 옳은 길로 인도하는 자들이어야 하며, 또한 그들이 자기의 것을 팔아서 남들에게 아낌없이 퍼주는 사람은 아니라 할지라도 적어도 성도들의 영혼을 살피려는 노력은 게을리하지 않는 자여야 한다. 더욱이 하나님의 뜻과 반대로 인도하는 잘못된 인도자들을 따르는 것이나 변질된 목회자를 따르는 것은 성경이 결코 명령한 적도 없고 권고한 적도 없다. 오히려 함께 망하는 지름길이 될 것이다.

(히 13:7) "하나님의 말씀을 너희에게 일러주고 너희를 인도하던 자들을 생각하며 그들의 행실의 결말을 주의하여 보고 그들의 믿음을 본받으라"

본절 말씀에서의 "하나님의 말씀을 일러주고 인도하는 자들"이란 오늘날의 목회자들에게도 해당된다고 할 수 있다. 그런데 성경은 그들의 믿음을 본받기 위해서는 먼저 그들의 행실의 결말을 주의해 보아야 한다고 권고하고 있다. 사도 바울을 비롯한 당시의 많은 사도들은 동시대의 그리스도인들뿐만 아니라 이 시대의 모든 그리스도인들에게도 좋은 목회자들이 되고 있다. 그리고 많은 그리스도인들이 그들을 본받고 그들의 교훈을 따르는 이유는 성경에 기록된 그들의 믿음의 행실들을 보았기 때문이다.

"목회자는 자기가 한 설교를 자신의 삶으로써 입증할 수 있어야 한다"고 한다. 백 번 옳은 말이다. 그러나 실제 목회자의 위치에 서보면 이 말을 100% 온전히 이루고 산다는 것은 거의 불가능한 일이다. 오히려 자신의 설교를 자신의 삶으로써 온전히 입증하지 못한 것에 죄책감을 느끼면서 통회의 눈물을 흘리는 양심적인 목회자들도 많이 있으리라 믿는다. 그래서 목회자들에게 '당신들의 삶으로써 당신들의 설교를 입증하라'고 요구하고 싶지는 않다. 또 이와 같은 높은 기준의 잣대로 목회자들을 판단하고 싶지도 않다.

그러나 교인들을 올바르게 인도할 책임이 있는 목회자라면, 비록 모든 사람에게 존경 받는 훌륭한 믿음과 행실의 사람은 아니라 할지라도, 최소한 거짓 선지자나 소경인 인도자 혹은 주장하는 장로는 아니어야 할 것이다. 그래서 오늘날의 교인들에게 바울의 권고를 적용해보라고 권유하고 싶다. 먼저 목회자들을 떠올려보고 그들의 행실을 주의하여 본 후, 그들의 믿음을 본받으라고….

"날마다 마음을 같이하여 성전에 모이기를 힘쓰고

집에서 떡을 떼며 기쁨과 순전한 마음으로 음식을 먹고

하나님을 찬미하며 또 온 백성에게 칭송을 받으니

주께서 구원 받는 사람을 날마다 더하게 하시니라"

(행 2:46-47)

4장.

잘못된 예배에 속는 교인들

예배에 관한 오해

십일조에 관한 오해

전도에 관한 오해

예배에 관한 오해

유대인에게는 두 가지 형태의 서로 다른 종교적 모임 장소가 있다. 하나는 성전(temple)이고, 또 다른 하나는 회당(synagogue)이다. 이 둘은 각각 서로 다른 중요한 기능이 있었다. 성전은 하나님의 전(대상 29:3)이라고 일컬어졌으며, 성전에 간다는 것은 곧 하나님을 만나러 가거나 섬기러 가는 것을 의미했다. 여기서 '섬긴다(serve)'는 것은 백성들이 제사장들과 함께 모여 하나님께 제사를 드리고 찬양을 드리는 등의 예배(service)를 의미한다.

한편, 회당은 주로 하나님의 말씀에 대한 가르침을 주고 받는 곳이었다. 회당에는 두루마리 형태의 구약성경이 있어서 하나님의 말씀을 읽고 배우고자 하는 사람들이 와서 서로 가르치거나 토론을 하기도 했다. 예수님도 12세 때 벌써 회당에서 듣기도 묻기도 하시며 사람들을 놀라게 하셨고(눅 2:46), 공생애 기간에는 회당에서 가르치기도 하셨다고 기록되어 있다(눅 4:16-

27, 31-33, 44…). 또 사도 바울도 아시아와 유럽의 유대인들이 있는 곳의 회당을 찾아가서 안식일에 가르쳤다고 기록되어 있다(행 13:5, 14…). 한마디로 성전의 주 기능이 예배였던 반면, 회당의 주 기능은 교육이었다.

그렇다면 오늘날 교회는 어떤 기능을 가지고 있는 곳이어야 할까? 교회(敎會)를 한자로 풀어보자면 '가르치는 모임'에 해당한다. 그러므로 언뜻 보면 성전보다는 회당의 역할과 더 비슷한 것 같아보이지만, 이것은 어디까지나 교회란 단어의 한자적 해석일 뿐이다. 실제로 교회는 가르치고 배우는 장소로서의 회당의 기능뿐만 아니라 예배하는 장소로서의 성전 기능도 함께 가지고 있다. 사도 바울은 교회를 하나님의 집(딤전 3:15), 즉 하나님의 전이라고 표현했다. 그것을 보더라도 교회가 성전 기능을 하고 있었다는 사실을 확인할 수 있다.

과거의 유대인에게는 성전과 회당이 별도의 장소로서 각각 다른 기능을 했지만, 오늘날의 그리스도인들에게 교회는 하나의 장소로서 성전과 회당의 기능, 즉 예배와 교육의 기능을 모두 해야 한다는 뜻이다. 그래서 교회의 기본적인 기능이자 역할인 예배와 교육(혹은 양육)에 대하여 각각 구체적으로 살펴볼 필요가 있다.

(엡 2:20-22) "너희는 사도들과 선지자들의 터 위에 세우심을 입은 자라 그리스도 예수께서 친히 모퉁이 돌이 되셨느니라 그의 안에서 건물마다 서로 연결하여 주 안에서 성전이 되어가고 너희도 성령 안에서 하나님의 거하실 처소가 되기 위하여 예수 안에서 함께 지어져가느니라"

사도 바울은 에베소서에서 그리스도인들을 성전으로 묘사하고 있다. 이는 거듭난 그리스도인들의 모임인 교회가 하나님의 거하실 처소이자 예배를 드려야 하는 곳이라는 사실을 말해준다고 할 수 있다. 그러면 교회에서 드려야 할 예배의 대상은 누구일까? 예배는 영어로 worship(숭배) 혹은 service(섬김)에 해당한다. 그리고 거듭난 그리스도인들이 숭배하고 섬겨야 할 대상은 오직 하나님이시다. 이렇게 당연한 이야기를 하는 이유가 있다. 그것은 바로 예배의 대상이 각 개교회의 우두머리 격인 목회자나 혹은 형제자매가 아니라 오직 하나님이셔야 한다는 점과, 교회는 하나님을 예배해야 할 거룩한 장소가 되어야 한다는 점을 강조하기 위해서이다. 목회자를 포함한 모든 형제자매들은 기본적으로 사랑의 대상임에 틀림이 없고 존경의 대상도 될 수 있을지 모른다. 하지만 결코 숭배의 대상은 아니다. 숭배의 대상을 언급한 이유에 대해서는 뒷부분에서 몇 차례 더 보충하여 설명하겠다.

그러면 예배의 대상이신 하나님께 예배를 어떻게 드려야 할까? 구약 시대에 이스라엘 백성들이 하나님의 전에서 하나님께 예배를 드리는 대표적인 방법은 하나님께서 지정하신 제물을 가져와서 번제단에 그 제물을 태워 향기로운 향기가 되게 하는 것이었다. 또 찬양대나 백성들이 함께 하나님을 찬양하기도 했다. 그러나 오늘날의 교회에는 번제단도 없고 태워 드릴 제물을 가져오지도 않는다.

그러면 오늘날의 그리스도인들은 어떻게 하나님께 제물을 드리며 또 하나님을 기쁘시게 할 수 있을까? 다행히도 우리에게는 번제물을 태우지 않고도 여전히 하나님께 향기로운 향을 드릴 수 있는 방법이 있다. 그 첫 번째 방법은 그리스도인들의 삶 자체를 번제물로 드리는 것이고, 또 다른 방법은 성도들이 함께 기도를 드리는 것이다.

(롬 12:1) "그러므로 형제들아 내가 하나님의 모든 자비하심으로 너희를 권하노니 너희 몸을 하나님이 기뻐하시는 거룩한 산 제물로 드리라 이는 너희가 드릴 영적 예배니라"

(계 5:8) "…향이 가득한 금대접을 가졌으니 이 향은 성도의 기도들이라"

그런데 첫 번째 방법, 즉 각자의 삶을 번제물로 드리는 것은 각자의 생활 속에서 이루어져야 하는 개인적 예배인 반면, 두 번째 방법인 성도들의 기도는 그리스도인들이 단체로도 드릴 수 있는 집단적 예배가 될 수 있다. 교회에 참여하고 있는 모든 성도들이 한 마음으로 하나님께 감사와 찬양의 기도를 드리고 한 뜻으로 간구의 기도를 드리는 것이다. 뿐만 아니라 찬송과 찬양도 하나님을 기쁘시게 하는 중요한 예배의 매개체 중 하나이다.

(엡 5:19) "시와 찬미와 신령한 노래들로 서로 화답하며 너희의 마음으로 주께 노래하며 찬송하며"

사실 기도와 찬양을 서로 구분하는 것은 큰 의미가 없을 수도 있다. 왜냐면 때로는 기도가 찬양이 되기도 하고, 찬양이 기도가 되기도 하기 때문이다. 어쨌든 시와 찬미와 거룩한 노래들로 서로에게 화답하면서 하나님께 찬양을 드리는 것은 교회 안에 거하는 모든 그리스도인들에게 권고되고 있는 사항이다. 생각해보라! 자녀들이 부모님 앞에 함께 모여서 한 마음으로 부모님과 대화를 나누고 또 부모님의 은혜를 노래하는 것처럼, 하나님의 자녀들이 함께 모여서 아버지이신 하나님께 같은 마음으로 기도드리고 하나님의 은혜를 찬양한다면 하나님께서 얼마나 기뻐하시겠는가? 이는 하나님께 황소의 드림보다 더 값진 제사이자 예배가 될 것이다. 그리고 이것이 예배시간에 함께 모여 찬양과 기도를 드려야 하는 이유이다.

그런데 이처럼 기도와 찬양 등을 통해서 드리는 예배와 관련하여 오해하고 있는 교회들도 적지 않은 것 같다. 어떤 교회에서는 찬양이 예배의 전부라도 되는 것처럼 예배 시간의 대부분을 찬양에 할애하는 반면, 또 어떤 교회에서는 장시간의 설교가 예배 시간의 대부분을 차지하고 있어서 찬양은 있어도 되고 없어도 되는 부차적인 요소로 치부되기도 한다. 그래서 이 두 가지의 오해를 먼저 정리하고자 한다.

먼저 찬양이 예배의 전부라도 되는 것처럼 오해하고 있는 전자의 부류들은 '예배는 곧 찬양'이라는 식의 생각을 가지고 있는 교회들이다. 그래서 그들은 더 나은 예배를 위해서는 어떻게 해서라도 더 멋있는 찬양을 하려고 애를 쓰며 찬양의 기술을 발전시키려고 노력한다. 그래서 다양한 악기를 사용한 화려한 찬양이나 안무를 통한 워십댄스(worship dance)와 같은 퍼포먼스(performance) 형태의 예배에 치중하는 경향이 있다. 그런데 이러한 교회들에서 흔히 발견되는 치명적인 오류는, 이들은 자신들도 모르게 자신들이 드리는 예배를 통해서 '하나님께서 얼마나 만족하실까'보다는 '참석자들이 얼마나 만족할까'에 더 관심을 쏟는다는 것이다.

뿐만 아니라 참석자들도 음악과 퍼포먼스를 통해서 하나님을 기쁘시게 하는 것보다는 자신들이 감동받고 싶어 하고 흥분되고 싶어 하는 경우가 많다. 이러한 이유로 예배를 준비하는 사람들은 더욱 감각적인 음악으로 사람의 감각을 자극하려고 애쓰며, 이를 위해 필요하다면 전자 악기나 드럼 같은 악기들도 여과 없이 동원하기도 한다. 이들은 이미 찬양을 통해서 기쁘게 해드려야 할 대상이 예배자들이 아니라 예배를 받으셔야 할 하나님이라는 사실을 망각한 것이다.

어버이날에 부모님을 기쁘게 할 수 있는 자녀들의 감사의 노래는 화려한 악기를 동원한 완벽한 박자와 음정을 갖춘 노래가 아니라, 비록 서툴지라도 자녀들의 진심 어린 마음을 느낄 수 있는 노래여야 한다. 화려한 퍼포먼스 형태의 찬양에 감동되거나 스스로 심취하는 교인들은 마치 성령의 감동이라도 받은 것처럼 오해하는 경우가 많은데, 찬송이나 찬양의 음악적인 요소에 감동되거나 심취하는 것은 성령의 감동과 거리가 멀다. 꼭 찬송가가 아니라 세상 음악에 의해서도 얼마든지 감동받거나 심취될 수 있기 때문이다. 참다운 예배는 멋있고 화려한 외식이 아닌 진정한 마음으로 드려지는 것이어야 한다는 사실을 잊지 말아야 한다. 또한 찬양이 하나님을 기쁘시게 하는 예배의 중요한 매개체임에는 틀림없지만, 결코 예배의 전부가 아니라 예배의 방법 중 하나일 뿐이라는 사실도 잊지 말아야 한다.

예배에 관하여 앞서 말한 것과 상반되는 오해에 빠져 있는 이들이 있다. 이들은 진정한 예배는 주일보다는 오히려 평일에 각자의 삶이 제물로 드려져야 하는 것이라고 여기면서, 주일에 교회에서 드리는 예배를 하나의 종교의식으로 폄하하거나 아예 진정한 예배로 여기지 않기도 한다. 특히 그들은 예배시의 찬송들이나 여러 가지의 공중기도들을 외식으로 생각한다. 그래서 주일예배의 시간을 대부분 설교나 성경공부 혹은 교제의 시간으로만 사용한다.

얼핏 보면 설교나 교제를 예배와는 분리하여 잘 이해한 것처럼 보이지만, 이들은 성도들과 함께 드리는 예배의 중요성을 간과하는 또 다른 오류를 범하고 있다. 다시 말해서 그리스도인들의 각 개인의 삶 자체가 모두 주님께 드려지는 제물이 되어야 한다는 것은 맞지만, 주일에 모여 성도들과 함께 예배드리는 것도 못지않게 중요하다는 것을 모르고 있는 것이다. 마치 객지에서 부모와 떨어져 지내는 자녀가 평소에 자기의 시간을 쪼개어 부모에게 수시로 연락하며 선물을 보내는 것도 좋지만, 가끔은 떨어져 있는 형제들과 함께 모여서 부모님을 찾아뵙고 기쁘게 해드리는 것

또한 필요하고 중요한 일임과 마찬가지 이치이다.

만일 교회에서의 예배가 설교를 듣는 것이 전부라면, 굳이 교회까지 나올 필요도 없을 것이다. 요즘엔 집에서도 얼마든지 설교를 들을 수 있기 때문이다. 구약시대에도 하나님께서는 이스라엘 백성들에게 정기적으로 성막이나 성전으로 나오게 하셨고, 초대교회 시대에도 성도들이 날마다 성전에 모여 찬양하며 기도에 힘썼다고 기록되어 있다.

(행 2:46-47) "날마다 마음을 같이하여 성전에 모이기를 힘쓰고 집에서 떡을 떼며 기쁨과 순전한 마음으로 음식을 먹고 하나님을 찬미하며 또 온 백성에게 칭송을 받으니 주께서 구원받는 사람을 날마다 더하게 하시니라"

또 찬양이나 찬송에 방관자적인 태도를 취하는 이들도 있는데, 이 역시 문제이다. 찬양대의 찬양을 감상만 하고 나머지 교인들은 찬양을 마치 학교에서 조회시간에 제창하는 교가처럼 아무 생각 없이 따라 부르거나, 아니면 아예 찬양을 하지 않는 이들도 있다. 이것이 어쩌면 앞서 설명한 거의 엔터테인먼트에 가까운 찬양에 대한 반감에 기인한 것인지는 모르겠으나, 영혼이 없는 기계적인 찬양은 사람의 중심을 보시는 하나님을 무시하는 결과를 초래할 수 있다는 점에서 또 다른 심각한 문제가 될 수 있다.

하나님께서는 호흡이 있는 모든 자들로부터 영광과 찬양을 받기 원하신다(시 150:6). 그리고 그와 같은 찬양은 진심 어린 마음으로 드려지는 것이어야 한다. 그것이 하나님께서 인간을 창조하신 목적이기도 하고 죄인을 구원하신 목적이기도 하다. 찬양이 예배의 전부라고 할 수는 없지만, 하나님께 드리는 찬양은 여전히 예배의 중요한 매개체라는 사실을 잊어서는 안 된다.

찬양뿐만 아니라 예배 시의 기도에 관해서도 많은 오해들이 있는 것 같다. 어떤 교회에서는 예배 시간의 기도는 오직 목사님들만 하는 것으로 여기는 곳도 있고, 또 어떤 교회에서는 기도가 마치 설교의 시작과 끝을 알리는 시그널 뮤직이나 되는 것처럼, 전체 예배 시간 중에 설교의 전과 후에만 하는 교회도 있다. 기도의 횟수에 문제가 있다고 말하는 것이 아니다. 찬양과 더불어 성도들의 기도가 하나님께 드리는 향기로운 향이라면, 예배 시의 기도 역시 하나의 부수적인 절차로 여겨져서는 안 된다.

기도는 예배 프로그램의 사이사이에 쉬어가는 시간도 아니고 미사여구를 사용한 거룩한 멘트를 누가 더 잘 날리는지 뽐내거나 감상하는 시간도 아니다. 기도는 그 자체로 이미 예배에 있어서 매우 중요한 부분이기 때문에 기도야말로 온 마음과

정성을 다하여 드려지는 것이어야 한다. 또한 설교는 설교자가 교인들을 대상으로 하는 것인 반면, 기도는 하나님을 대상으로 하는 것이라는 점을 생각해본다면, 하나님께 예배를 드리는 시간에 멋진 설교를 하려고 하기보다 더 진지한 기도를 드리려고 노력하는 것이 훨씬 더 중요하다고 할 수 있다. 뿐만 아니라 공중기도는 결코 특별한 직분을 맡은 자들만의 전유물이 아니라는 사실도 기억해야 한다. 사도 바울도 목회자였던 디모데에게 쓴 편지에서 남자(자매가 아닌 형제)들의 공중기도를 권하기도 하였다.

(딤전 2:8) "그러므로 각처에서 남자들이 분노와 다툼이 없이 거룩한 손을 들어 기도하기를 원하노라"

하나님께 감사를 드리고 교회와 각 성도들의 형편을 살펴 대표로 기도를 드리는 것은 목사 외의 다른 직분을 맡은 사람도 얼마든지 할 수 있어야 한다. 다양한 시각과 입장에서 기도드리는 것은 때로는 일정한 틀에 박힌 목사님의 기도보다 하나님을 향한 더욱 진솔하고 효과적인 감사와 간구의 표현이 될 수도 있기 때문이다.

찬양과 기도는 오늘날 그리스도인들이 교회에서 함께 드릴 수 있는 예배의 중요한 매개체로서, 이미 대부분의 교회들에서 이와 같은 예배들이 드려지고 있다. 그러나 이와 같은 예배가 예배자들이 아닌 하나님을 위해서 행해져야 한다는 것과 화려한 외식이 아닌 진심으로 드려져야 하는 것임을 망각한다면, 자칫 알맹이가 없는 하나의 종교 행위에 그칠 수 있다는 사실을 잊지 말아야 할 것이다.

예배와 더불어 교회의 또 하나의 중요한 기능인 가르침과 양육의 기능에 대해서도 생각해보자.

예수님께서는 부활하신 후 베드로에게 나타나셔서 "내 양을 먹이라"고 명하셨다(요 21:17). '내 양'이란 두 말할 것도 없이 예수님의 양, 즉 예수님을, 주님을 영접한 거듭난 그리스도인들이다. 하나님의 자녀들은 영적으로 보호되고 양육되어야 한다. 물론 육적인 양육도 중요하겠지만, 예수님의 주된 관심은 제자들의 육이 잘되는 것보다 영혼이 잘되는 것에 있었다(요 6:63). 어쨌든 예수님께서는 양육의 직분을 당시에는 베드로와 다른 제자들에게 부여하셨다. 그리고 그 후에도 교회의 목사와 교사 그리고 장로들에 의하여 양육의 직분이 수행되어오고 있다.

영적인 양육의 수단으로는 개인적인 상담이나 심방 등 다양한 방법이 있을 수 있겠지만, 양육의 가장 대표적인 방법은 다름 아닌 전체 교인들을 대상으로 한 설교일 것이다.

(렘 3:15) "내가 또 내 마음에 합한 목자들을 너희에게 주리니 그들이 지식과 명철로 너희를 양육하리라"

대부분의 교회에서는 예배 시간에 설교를 한다. 그런데 엄밀히 말하면 설교는 예배와 다르다. 설교를 통해서도 하나님의 영광을 드러내고 감사와 찬양을 드릴 수는 있다. 그러나 근본적으로 설교의 대상이 사람들이라는 점을 생각하면, 대상이 하나님이어야 하는 예배와는 분명한 차이가 있다.

이 같은 예배와 설교의 차이를 구분하지 못할 때 발생할 수 있는 오해가 있다. 그 오해는 주일예배의 하이라이트는 주일설교이고 또 주일예배의 주인공은 뭐니 뭐니 해도 목사님이라고 생각하는 것이다. 오늘날의 많은 교회들과 신자들이 그렇게 생각하는 이유는 간단하다. 예배 시간의 목사님은 마치 하나님께서 보내신 대사(大使)와 같이 여겨지기 때문이다.

설교 시간 전에 "아무개 목사님께서 하나님 말씀을 대언해주시겠습니다"라고 하는 말을 들어본 적이 있는가? 이와 같은 소개는 단순한 실수를 넘어 망발(妄發)이라고 할 수 있다. 설교를 통해 하나님의 말씀이 전해질 수는 있지만, 그렇다고 목사님의 설교와 하나님의 말씀을 동일시하는 것을 허락하는 것은 아니다. 설교에는 사람의 생각이 들어갈 수밖에 없어서 실수나 오류를 피하기가 어렵다. 반면, 하나님의 말씀은 도가니에 일곱 번 단련한 은과 같이 순결한 것으로서 100% 온전하다고 할 수 있다.

어쨌든 오늘날의 많은 교회에서는 예배의 주인공이 주님에서 목사님으로 옮겨가고 있다. 뿐만 아니라 예배 시간의 예배당은 설교자의 연설장이나 콘서트장과 같이 변해버렸다. 교인들은 하나님과 예수님을 보는 대신 눈앞에 있는 목사님을 더욱 주목하고, 목사의 설교를 통해서 전달되는 목사의 안목과 지식 그리고 때로는 유머감각에 매료되기 시작한다. 이러한 모습들은 이미 많은 교회들에서 쉽게 발견되고 있다.

그런데 문제는 그로 인하여 교인들은 스스로도 깨닫지 못하는 사이에 자기들의 목사님을 수퍼스타로 만들어가게 된다는 점이다. 하나님께서 주인공이 되셔야 하는 시간에 주인공의 자리를 대신 차지하고 있는 목사들에 대한 우상화는 더욱 심각해질 수밖에 없다. 얼마나 위험천만한 오류인가? 설교가 곧 예배라고 할 수는 없지만, 그 설교를 통해서 주님께서 참되고 유일한 예배의 중심이 되시도록 만들 수는 있을 것이다. 설교를 통해서 하나님께서 예수님을 통해서 이루신 일들과 성령님을 통해서 지금도 이루고 계시는 일들을 증거함으로써 오직 그분만을 찬양하고 그분에게만 영광을 돌리게 하는 것이다.

결국 설교와 예배는 엄밀히 서로 다른 개념임을 알아야 하는 동시에, 예배의 주인공은 오직 하나님이시고 또 그분의 아들 예수님이셔야 함을 잊지 말아야 한다. 아울러 그리스도인들에게 필요한 영적 양식을 공급하여야 한다. 그리스도인들의 삶 가운데 적용할 수 있는 위로의 말씀과 교훈의 말씀을 찾아 그들의 눈높이에 맞게 잘 설명하여 그들의 영혼을 살찌우도록 해야 한다.

목사나 목회자는 모두 양육하는 일을 하는 사람이다. 마치 목자가 양들에게 때에 따라 꼴을 먹이고 물을 마시게 하여 잘 양육하는 것과 같다. 이와 같은 직분은 참된 목자이신 예수님께로부터 위임 받은 것이다. 결코 말처럼 쉽진 않겠지만 설교자는 기도 가운데 겸손한 마음으로 지혜를 구하여, 또 마치 유모가 아이를 돌보듯 하나님의 자녀들에게 때에 따라 영적 양식을 공급할 수 있도록 부단히 노력해야 할 것이다. 또한 성도들의 양육을 위해서는 먼저 성도들의 영적 상태를 살펴야 한다. 이는 주로 교회의 감독자나 장로들에게 주어졌던 명령으로서 오늘날에도 목사들에게 비슷한 책무가 주어졌다고 할 수 있다.

(행 20:28) "여러분은 자기를 위하여 또는 온 양 떼를 위하여 삼가라 성령이 그들 가운데 여러분을 감독자로 삼고 하나님이 자기 피로 사신 교회를 보살피게 하셨느니라"

교회가 주일에 출석하는 교인들의 상태만 보고 만족하는 것은 지극히 어리석은 일일 수 있다. 그것은 마치 목자에게 먹이를 달라고 달려드는 많은 건강한 양들을 보고 만족하는 것과 마찬가지다. 어쩌면 목자의 손길을 절실히 필요로 하는 진짜 상처받은 양들은 주일에 참석하지 못한 사람들일 수도 있다. 그래서 목회자들은 더욱 부지런히 양떼의 형편을 살펴야 한다. 하나님께서 선지자 에스겔을 통해서 이스라엘의 목자들을 꾸짖으셨던 내용을 통해서 교회가 더 신경 써서 돌보아야 할 사람들은 어떤 사람들인지 생각해보자.

(겔 34:3-5) "너희가 살진 양을 잡아 그 기름을 먹으며 그 털을 입되 양 떼는 먹이지 아니하는도다 너희가 그 연약한 자를 강하게 아니하며 병든 자를 고치지 아니하며 상한 자를 싸매주지 아니하며 쫓기는 자를 돌아오게 하지 아니하며 잃어버린 자를 찾지 아니하고 다만 포악으로 그것들을 다스렸도다 목자가 없으므로 그것들이 흩어지고 흩어져서 모든 들짐승의 밥이 되었도다"

목회자는 자기를 치켜 세워주고 자기 주변을 맴도는 사람들과 더 많은 시간을 보내기 쉽다. 교회도 잘 출석하는 사람, 교회의 인도에 적극적으로 호응하는 사람들을 더 챙기기 쉽다. 그러나 이와 같은 경향은 목회자나 교회가 스스로 항상 경계해야 할 부분이다. 어느 교회나 연약한 자, 병든 자, 상한 자, 쫓기는 자 그리고 잃어버린 자들이 있기 마련이다. 오히려 이와 같은 이들을 더 챙기고 돌아보는 것이야말로 교회의 막중한 책무이자 목회자의 책무라고 할 수 있다.

교인들의 형편을 살피고 돌아보는 것은 틀림없이 번거롭고 어려운 일일 것이다. 그러나 그것이 교회의 역할이라면, 그 일들이 어렵고 쉽고 간에, 혹은 원하건 원하지 않건 간에 반드시 해야 한다. 만일 어떠한 이유에서든지 그 일들을 하지 않으려고 한다면, 목회자라는 직분이나 교회라는 이름을 포기해야 할 것이다.

십일조에 관한 오해

(출 23:15) "너는 무교병의 절기를 지키라 내가 네게 명한 대로 아빕월의 정한 때에 칠일 동안 무교병을 먹을지니 이는 그 달에 네가 애굽에서 나왔음이라 빈손으로 내게 보이지 말지니라"

필자가 해외의 현지인 교회에서 설교했을 때의 일이다. 설교가 다 끝난 후 "빈손으로 내게 보이지 말지니라"라는 위의 성경 구절을 인용하면서 담임목사가 교인들에게 헌금을 유도하는 것을 본 적이 있다. 이스라엘 민족이 하나님의 인도로 출애굽한 후 시내 광야에 머물고 있을 때, 하나님께서는 모세를 통하여 이스라엘의 온 남자들은 일년에 세 차례 하나님 앞에 나오되(출 23:14,17) 빈손으로 나오지 말라고 명하신 적이 있었다. 구약 시대의 선민인 이스라엘 사람들에게 명하신 율법의 말씀을 오늘날 교회에서 오용하며 헌금을 종용하는 모습을 보고 딱한 마음이 들었다.

그뿐 아니라 많은 교회들에서는 말라기서의 말씀을 인용하며 십일조의 당위성과 필요성을 강조하기도 한다.

> (말 3:8-10) "사람이 어찌 하나님의 것을 도둑질하겠느냐 그러나 너희는 나의 것을 도둑질하고도 말하기를 우리가 어떻게 주의 것을 도둑질하였나이까 하는도다 이는 곧 십일조와 봉헌물이라…, 만군의 여호와가 이르노라 너희의 온전한 십일조를 창고에 들여 나의 집에 양식이 있게 하고 그것으로 나를 시험하여 내가 하늘 문을 열고 너희에게 복을 쌓을 곳이 없도록 붓지 아니하나 보라"

지금 생각해보면 정말 부끄럽지만, 필자도 과거에 위의 말라기서의 말씀을 들어가며 십일조는 의무이자 물질적 복의 시작이라고 외친 적이 있었다. 그렇게 배웠고, 그때는 정말 그렇게 믿었다. 아마 아직까지도 그렇게 믿는 이들이 많을 것이다. 그런데 구약에 기록된 하나님의 말씀을 이렇게 인용해가며 교인들에게 십일조나 헌금을 강요하는 것이 과연 바람직할까?

조금만 생각해보면 이 같은 행태들의 오류를 금방 발견할 수 있다. 기본적으로 위의 말씀 속에 언급된 헌물과 십일조는 율법에 근거하여 요구된 것이었다. 그리고 이 율법에 대해서는 출애굽 시에 하나님의 권능과 구원을 경험한 모든 이스라엘 백성들이 순종하겠다는 합의의 약속을 한 바 있다(출 24:7, 신 11:26-28).

이 합의의 약속, 즉 옛 언약은 하나님과 이스라엘 양자 간의 약속이었기 때문에, 하나님 편에서 일방적으로 이루신 새 언약과는 달리 이스라엘 백성들에게는 율법 준수의 책임이 주어졌다는 뜻이다. 구약의 십일조는 많은 율법들 중의 하나로서 이스라엘 백성들에게 주어진 의무 사항이었다.

그리고 이스라엘 민족에게 의무적으로 부여된 십일조의 사용처는 크게 두 가지로 나뉜다. 첫 번째는 레위인들을 위한 것이었다. 경작할 땅을 기업으로 받지 못하고 성막과 성전 일에 전무해야 했던 레위 지파를 위하여 다른 지파들에게서 십분의 일씩을 걷어서 레위 지파의 기업이 되게 한 하나님의 뜻이자 명령이었다.

> (민 18:21-23) "내가 이스라엘의 십일조를 레위 자손에게 기업으로 다 주어서 그들이 하는 일 곧 회막에서 하는 일을 갚나니…, 그러나 레위인은 회막에서 봉사하며 자기들의 죄를 담당할 것이요 이스라엘 자손 중에는 기업이 없을 것이니 이는 너희 대대에 영원한 율례라"

십일조의 두 번째 사용처는 여호와의 정하신 절기에 가난한 자들과 함께 누리기 위함이다.

(신 14:28-29) "매 삼 년 끝에 그 해 소산의 십분의 일을 다 내어 네 성읍에 저축하여 너희 중에 분깃이나 기업이 없는 레위인과 네 성중에 거류하는 객과 및 고아와 과부들이 와서 먹고 배부르게 하라 그리하면 네 하나님 여호와께서 네 손으로 하는 범사에 네게 복을 주시리라"

말라기 3장 8-10절의 십일조와 관련한 말라기 선지자의 책망은 바로 이 율법들에 근거한 것이었다. 말라기 선지자가 활동하던 시기에 바벨론 유수에서 돌아온 이스라엘 백성들은 십일조를 제대로 하지 않았다. 이스라엘 백성들은 입으로는 하나님께 온전히 돌아온 것처럼 말하곤 했지만, 실제로는 십일조를 하지 않아 레위인들로 하여금 성전에서 봉사는 일을 할 수 없는 지경에 이르도록 만들었던 것이다. 그 결과 이스라엘 백성이 성전에서 하나님을 섬기는 것이 사실상 어려워졌다. 그래서 이스라엘 백성들이 하나님을 온전히 섬기고 있다는 것은 행동이 없는 말뿐이라는 사실을 하나님께서는 말라기 선지자를 통해서 책망하신 것이다.

율법은 이스라엘 백성들에게 강제된 의무 사항이었기 때문에 원하든 원하지 않든 반드시 지켜야 했고, 지키지 못할 경우 위약에 따른 대가를 치러야 했다. 그런데 십일조와 관련하여 기억해야 할 사항은 구약 시대에 성전에서 이루어진 제사를 비롯하여 레위인의 직무 그리고 그와 관련된 모든 율법은 그림자에 불과했다는 사실이다(히 10:1). 예수님께서 오셔서 모든 율법을 이루시고, 또 단번에 영원한 제사를 완성하시고 참 형상을 드러내셨다.

그래서 레위인과 제사장들이 드렸던 직무가 그림자였던 것처럼, 십일조도 그림자로 이해해야 한다. 오늘날 아무도 '죄 사함을 받기 위해 양이나 염소나 소를 잡아 제사를 드리라'고 말하지 않을 것이다. 그런데 누군가가 '십일조는 드려야 한다'고 한다면, 이는 그림자와 참 형상을 아직 구분하지 못하고 있다는 뜻일 수 있다. 또 어떤 이들은 아브라함이 멜기세덱에게 드렸던 십일조(창 14:20)를 거론하기도 하지만, 이것은 하나님의 명령이 아닌 자발적인 것이었다는 점과 정기적인 것이 아니었다는 점에서 오늘날 사람들이 알고 있는 십일조와 차이가 있음을 알 수 있다.

그러면 십일조란 오늘날의 그리스도인들에게는 더 이상 아무런 의미가 없는 것일까? 꼭 그렇게 말할 수만은 없다. 율법으로서의 십일조와 상관이 없는 또 다른 십일조가 이미 있었다. 야곱이 형 에서를 피해 밧단아람으로 향하던 도중에 벧엘에서 하나님께 서원한 십일조가 바로 그것이다. 이는 하나님께서 명하신 것도 아니고, 강제된 것도 아니었다. 따라서 야곱이 하나님께 약속드린 십일조에 관하여 알아볼 필요가 있다. 그리고 야곱의 서원을 통해 십일조에 대한 바람직한 마음가짐과 적용 방법을 생각해보자.

> (창 28:22) “내가 기둥으로 세운 이 돌이 하나님의 집이 될 것이요 하나님께서 내게 주신 모든 것에서 십분의 일을 내가 반드시 하나님께 드리겠나이다 하였더라”

우선 야곱의 십일조의 서원에는 “하나님께서 내게 주신 모든 것에서 십분의 일”이라는 조건이 붙어 있었다는 점을 주목해야 한다. 야곱이 형을 피해 아버지의 집을 떠나 하란으로 향하고 있을 때, 하나님께서 야곱의 꿈에 나타나셔서 그에게 땅과 복을 약속하셨다(창 28:13-15). 빈손으로 가족을 떠나야 했던 그에게 하나님의 약속이 이루어진다면, 즉 하나님께서 약속하신 모든 복을 허락해주신다면, “주신 모든 것에서” 십분의 일을 하나님께 드리겠다고 한 것이다. 다윗도 성전을 짓기 위한 금, 은, 보석을 비롯한 많은 헌물을 하나님께 드릴 때 이와 비슷한 고백을 한 적이 있다.

> (대상 29:14) “나와 내 백성이 무엇이기에 이처럼 즐거운 마음으로 드릴 힘이 있었나이까 모든 것이 주께로 말미암았사오니 우리가 주의 손에서 받은

것으로 주께 드렸을 뿐이니이다"

오늘날 그리스도인들의 여건과 상황이 야곱이나 다윗의 상황과 같을 수는 없다. 하지만 한 가지 부인할 수 없는 공통점은 우리가 가진 모든 여건이나 소유가 하나님께로부터 허락되고 부여된 것들이라는 사실이다.

(고전 4:7) "누가 너를 남달리 구별하였느냐 네게 있는 것 중에 받지 아니한 것이 무엇이냐 네가 받았은즉 어찌하여 받지 아니한 것같이 자랑하느냐"

어쩌면 우리는 야곱보다 더 많은 것을 받았을 수도 있다. 따지고 보면 우리가 가지고 있는 재물뿐만 아니라 우리의 재능 혹은 우리의 건강 심지어 우리의 생명까지 모두 하나님께로부터 받은 것이라는 사실은 아무도 부인할 수 없을 것이다. 어쨌든 중요한 것은 십일조를 드리는 기본적인 마음 자세는 우리가 가진 모든 것이 하나님께로부터 받은 것이라는 사실을 인정하는 마음에서부터 시작해야 한다는 점이다. 소득의 십분의 일을 하나님께 드리지만, 사실은 나의 모든 소유가 하나님의 것이라는 사실을 인정하는 마음이 필요하다는 것이다. 이러한 마음이 생기지 않는다면, 사실상 십일조가 아니라 백일조도 하기 어려울 것이다.

둘째로 야곱이 하나님께 다짐한 십일조는 자발적이었다는 점이다. 하나님께서 야곱에게 율법으로 강제하신 것이 아니었다. 그리고 다른 어느 누구로부터 강요받은 것도 아니었다. 구약에는 강제적인 십일조와는 별개로 자발적으로 내야 하는 헌물이나 헌금도 있었다. 예를 들면 하나님께서는 이스라엘 백성들에게 성막이나 성전을 짓기 위해 헌물을 내라고 하셨는데, 이는 순전히 자발적으로 드려져야 했다(출 35:5,22).

그런데 자발적이라고 해서 이스라엘 백성들이 자기들의 능력이나 희생으로 헌물을 준비했다는 뜻은 아니다. 예를 들면 출애굽 후 성막을 만드는 데 필요한 헌물을 이스라엘 백성들이 자발적으로 낼 수 있도록 하나님께서는 애굽인들로부터 그 헌물들의 재료들을 미리 받게 하셨다(출 12:35-36). 그래서 그들은 자발적으로 하나님께 다시 기쁘게 드릴 수 있었던 것이다. 다윗도 동일한 과정을 경험하고 하나님께 헌물을 드렸을 때 그 사실을 고백한 것이다(대상 29:9,14).

그 옛날 이스라엘 민족들에게 역사하셨던 하나님께서 오늘날 그리스도인들에게도 동일하게 역사하신다. 그들에게 필요한 것을 먼저 채워주시고 자발적인 헌금이나 헌물을 원하실 것이다. 요즘 많은 교단과 교회가 교인들에게 거의 반강제적으로 여러 가지의 헌금을 종용하는 것을 보면 참으로 걱정스러운 마음이 든다. 특히 건축 헌금과 같은 목적 헌금을 종용할 때는 "힘에 지나도록(고후 8:3)"이라는 표현까지 사용해가면서 거의 강요에 가까운 헌금을 작정하도록 하기도 한다.

하나님께서는 무엇이 부족하신 것처럼 사람에게 손을 벌리시는 분이 결코 아니다(행 17:25). 그리고 그리스도인들이 헌물이나 연보를 할 때도 억지나 인색함이 아닌 기뻐하는 마음으로나 자원하는 마음으로 내는 것을 기뻐하신다고 바울은 말했다(고후 9:7). 이는 하나님께서 그리스도인들로부터 진정으로 보고자 하시는 것은 처음부터 '자원하는 마음', 즉 '그들의 마음을 얼마나 바칠 수 있는가'였다고 하겠다. 야곱은 순전히 자발적으로 십일조를 서원했다.

셋째로 야곱은 십일조를 '하나님께' 드리기로 약속했다. 율법의 십일조는 레위인들이나 제사장들에게 주어져야 했지만, 야곱이 다짐했던 십일조는 레위인이나 제사장 같은 사람들에 대한 것이 아니라, 하나님께 대한 것이었다. 성경은 야곱이 구체적으로 하나님께 어떻게 십일조를 드렸는지 기록하지 않고 있다.

그러나 분명한 사실은 그 당시에는 레위인이나 제사장도 없었고 오늘날과 같은 교회당이나 목사도 없었으므로 사람이나 특정한 단체에 바친 것은 아니라는 것이다. 그래서 오늘날도 누군가가 자신의 소득이 하나님께로부터 허락된 것이라는 사실을 인정하며 하나님께 십일조를 드리고자 한다면, 그 대상이 반드시 교회이거나 목회자여야 하는 것은 아니다.

그렇다고 해서 십일조를 교회에 내지 말라는 뜻은 아니다. 하나님께 드린다는 마음으로 교회에 낸다면 교회는 하나님의 일을 위해 합당하게 사용할 수도 있을 것이다. 그럼에도 불구하고 십일조가 교회에 대한 의무 사항이 되어서는 안 된다. 십일조는 근본적으로 교회나 목회자에 대한 의무 사항이 아니라, 하나님께 대한 자원하는 마음에서 비롯되어야 하기 때문이다.

신약성경에서는 누가복음 이후에는 십일조라는 말이 한번도 등장하지 않는다. 특히 예수님의 재림 후 교회가 시작된 후에도 교제도 있고 성도들을 위한 연보, 즉 후원도 있었지만, 십일조에 관한 내용은 전무하다. 초대교회의 교부들이 남긴 많은 역사적인 기록에도 십일조에 관한 기록은 없다고 한다. 이러한 사실들을 통하여 구약 시대에 선민에게 강제되었던 십일조는 참 형상인 예수님의 영원한 속죄 이후의 그리스도인들에게는 더 이상 의무적으로 요구되지 않았음을 알 수 있다.

그렇다면 사도들의 전도를 위한 여행 경비나 선교와 목회를 위한 필요 경비는 어떻게 충당했을까? 예수님께서는 제자들을 전도 지역에 파송하시면서 전도자들이 그 삯을 받는 것이 마땅하다고 말씀하신 적이 있다.

(눅 10:7) "그 집에 유하며 주는 것을 먹고 마시라 일꾼이 그 삯을 받는 것이 마땅하니라 이 집에서 저 집으로 옮기지 말라"

사도 바울 역시 전도인들이 성도들에 의하여 쓸 것을 공급받는 것에 대하여 예수님과 동일한 입장을 취했다.

(고전 9:6-11) "어찌 나와 바나바만 일하지 아니할 권리가 없겠느냐 누가 자기 비용으로 군 복무를 하겠느냐 누가 포도를 심고 그 열매를 먹지 않겠느냐 누가 양 떼를 기르고 그 양 떼의 젖을 먹지 않겠느냐 내가 사람의 예대로 이것을 말하느냐 율법도 이것을 말하지 아니하느냐 모세의 율법에 곡식을 밟아 떠는 소에게 망을 씌우지 말라 기록하였으니 하나님께서 어찌 소들을 위하여 염려하심이냐 오로지 우리를 위하여 말씀하심이 아니냐 과연 우리를 위하여 기록된 것이니 밭 가는 자는 소망을 가지고 갈며 곡식 떠는 자는 함께 얻을 소망을 가지고 떠는 것이라 우리가 너희에게 신령한 것을 뿌렸은즉 너희의 육적인 것을 거두기로 과하다 하겠느냐"

그래서 전도인들이 그 사역의 대가로 사람들에게 쓸 것을 공급받는 것은 십일조와 상관없이 주님의 뜻에 근거한 것으로서 매우 성경적인 이치라고 할 수 있다. 따라서 전무하는 교회 사역자들의 생계를 위하여 교인들의 헌금이나 자발적인 십일조가 사용되는 것은 매우 자연스러운 이치이다.

실제로 사도 바울도 때로는 교회로부터 물질적인 공급을 받은 적도 있었다(빌 4:16). 그러나 바울은 그것을 결코 강제하지 않았다. 오히려 그는 복음에 장애가 생길 수 있는 가능성이 있다면, 전도자로서 자기의 공급받을 권리를 포기하겠다고까지 기록하고 있다.

> (고전 9:12) "다른 이들도 너희에게 이런 권리를 가졌거든 하물며 우리일까 보냐 그러나 우리가 이 권리를 쓰지 아니하고 범사에 참는 것은 그리스도의 복음에 아무 장애가 없게 하려 함이로다"

고린도 교회로부터 물질적인 후원을 받지는 못했지만 고린도 교회의 구성원들을 위한 전도와 목회의 노력은 결코 게을리하지 않았다. 오히려 사도 바울이 자신의 쓸 것을 직접 마련하기 위해 생업인 천막 짓는 일을 하기도 했다는 사실은 잘 알려져 있다(행 18:3). 사도 바울처럼 복음을 전하는 데 온전히 헌신하고 바쁜 시간을 보냈을 전도자도 결코 성도들에게 물질적인 지원을 강요하지 않으려고 노력한 모범을 오늘날의 많은 전도자들과 목회자들도 본받으면 좋겠다. 동시에 오늘날의 그리스도인들은 전무하는 사역자를 물질적으로 지원하는 일에 최선을 다하는 모습도 필요하다고 믿는다.

결론적으로, 목회자는 받으려는 권리를 기꺼이 포기할 수 있고, 반대로 교인들은 목회자들을 기꺼이 후원하려는 마음을 가져야 하는 것이 바람직하다고 할 수 있다.

전도에 관한 오해

교회의 가장 중요한 기능 중 하나는 전도이다. 이점에 있어서는 아무도 이견이 없을 것이다. 그러나 전도는 이상하게도 노력한다고 해서 반드시 노력한 만큼 결과가 나타나는 것이 아니다. 많은 그리스도인들은 전도만큼 어려운 것이 없다고 한다. 만일 사람을 교회로 데려오는 것이 전도라면, 혹은 교회의 인원을 늘리는 것이 전도라면, 차라리 간단할 수도 있을 것이다. 사람을 끌어들이기 위한 매개체는 복음 말고도 다양하기 때문이다. 예를 들면 교회에서 콘서트나 대중적인 이벤트를 열 수도 있고 또는 상업적인 행사 혹은 자선사업 행사 등을 통하여 사람들을 끌어모을 수도 있을 것이다.

그러나 전도는 결코 사람을 교회로 인도하는 것만을 의미하지 않는다. 그것이 전도의 시작이 될 수 있을지는 모르나, 교회의 사람 수의 증가가 반드시 하나님의 자녀들의 증가를 의미하지는 않기 때문이다. 전도는 말 그대로 도(道)를 전(傳)하는 것이고, 그 도는 오직 그리스도의 도, 즉 복음(福音)이다. 하나님에 대한 지식을 전하고 사람들로 하여금 죄인임을 깨닫게 하여 회개에 이르도록 돕고, 그리스도께서 이루신 영원한 속죄를 깨닫게 하고, 결국 예수 그리스도를 믿도록 인도하는 것까지가 전도이다. 이와 같은 과정, 즉 전도의 결과로 한 영혼이 하나님의 자녀로 거듭나는 것이 전도의 최종 목표이다.

그런데 지금 설명하고 있는 전도의 과정을 잘 살펴보면 이것들은 모두 하나님께서 성령을 통해서 하시는 일임을 알 수 있다. 사람들로 하여금 하나님을 알게 하고 회개에 이르게 하고, 또 그리스도를 믿는 데 이르게끔 하는 모든 과정은 성령님의 인도하심으로써만 가능한 것이다. 결코 인간의 지혜나 노력으로 이룰 수 있는 일이 아니다.

그렇다면 전도의 주체가 사람이 아니라 하나님이란 말인가? 그렇다. 전도의 주체는 하나님이고 전도하는 사람은 하나님께서 사용하시는 도구일 뿐이다. 전도의 주체가 사람이 아니라 하나님이라는 점을 좀 더 구체적으로 설명해보겠다. 아담의 범죄로 인하여 이 세상 사람들은 모두 타락하여 하나님을 찾는 사람이나 깨닫는 사람은 아무도 없게 되었다.

(롬 3:10-11) “기록된바 의인은 없나니 하나도 없으며 깨닫는 자도 없고 하나님을 찾는 자도 없고”

그래서 하나님께서는 일반계시(자연, 양심 등)를 통하여 당신의 존재를 사람들로 하여금 알게 하셨다.

(롬 1:19-20) “이는 하나님을 알 만한 것이 그들 속에 보임이라 하나님께서 이를 그들에게 보이셨느니라 창세로부터 그의 보이지 아니하는 것들 곧 그의 영원하신 능력과 신성이 그가 만드신 만물에 분명히 보여 알려졌나니 그러므로 그들이 핑계하지 못할지니라”

그리고 당신을 더듬어 찾는 사람들에게 사람들을 보내시고 말씀을 통하여 회개케 하셨다.

(잠 8:17) “나를 사랑하는 자들이 나의 사랑을 입으며 나를 간절히 찾는 자가 나를 만날 것이니라”

(롬 10:13-15) “누구든지 주의 이름을 부르는 자는 구원을 받으리라 그런즉 그들이 믿지 아니하는 이를 어찌 부르리요 듣지도 못한 이를 어찌 믿으리요 전파하는 자가 없이 어찌 들으리요 보내심을 받지 아니하였으면 어찌 전파

하리요 기록된바 아름답도다 좋은 소식을 전하는 자들의 발이여 함과 같으니라"

(롬 2:4) "혹 네가 하나님의 인자하심이 너를 인도하여 회개하게 하심을 알지 못하여 그의 인자하심과 용납하심과 길이 참으심이 풍성함을 멸시하느냐"

그리고 복음을 듣고 받아들이고 믿은 사람은 하나님의 자녀로 거듭나게 되고, 끝까지 거부하는 자들은 구원받지 못한다. 이 모든 과정들의 전형적인 예들은 사도행전을 읽어보면 계속해서 반복적으로 발견할 수 있다. 사도행전은 마치 사도들의 역사로 복음이 전해지는 것 같아보이지만, 실제로는 성령의 역사의 결과였다. 사도들은 성령의 도구로 쓰임받았을 뿐이다.

사도들은 자신들의 뜻과 상관없이 전도 대상을 만나야 했다. 예를 들면 빌립은 전혀 생각지도 못한 이디오피아의 내시를 광야에서 만나야 했고, 베드로는 환상을 통해 인도된 고넬료를 전도해야 했다. 또 바울은 성령의 이끌림에 의해 예루살렘으로 갔다가 붙잡혀 로마로 가게 되었으나, 중간에 자신의 의지와 상관없이 멜리데 섬에 석 달을 유하게 되어 그곳의 토인들을 전도하였다. 이와 같은 모든 과정들이 기록된 사도행전의 시작 부분을 다시 주목해보자. 예수님께서는 부활 후 승천하시기 전에 제자들에게 다음과 같이 말씀하셨다.

(행 1:8) "오직 성령이 너희에게 임하시면 너희가 권능을 받고 예루살렘과 온 유대와 사마리아와 땅 끝까지 이르러 내 증인이 되리라 하시니라"

오늘날 이 구절을 오해하고 잘못 인용하는 사례가 너무 많다. 예수님께서는 분명히 "내 증인이 되리라"고 말씀하셨는데 많은 설교자들은 '증인이 되어야 한다' 혹은 '증인이 되도록 노력해야 한다'라는 식으로 가르치고 있다. 여러분이 속한 교회의 가르침은 어떠한가?

사도행전은 온통 사도들과 초대교회의 그리스도인들이 어떻게 성령님께 쓰임을 받아 그리스도의 증인으로서 복음을 전파했는지, 즉 전도했는지에 대한 기록이다. 그리고 사도행전에 기록된 모든 전도의 역사는 예수님께서 미리 하신 위의 말씀이 성취된 것이라는 사실을 기억해야 한다.

그런데 주님의 증인으로 쓰임을 받기 위한 조건이 한 가지 있었다. "오직 성령이 너희에게 임하시면…" 성령이 임하여 성령께 쓰임을 받는 것, 바로 이것이 증인으로서 쓰임을 받는 방법이다. 이것이 진정한 전도이다. 그래서 전도의 주체는 다름 아닌 하나님이라고 말하는 것이다.

오늘날 많은 교단의 전도 행태를 보면 하나같이 사명감을 가지고 죽기 살기로 전도해야 한다는 식이다. 간혹 '진돗개 전도사'와 같은 표현 등을 통하여 마치 전도가 인간적인 끈기나 고집을 통해 이루어지는 것처럼 잘못 가르쳐지는 경우를 볼 수 있다. 이는 전도에 관한 가장 대표적인 오해라고 할 수 있다. 바울이 디모데에게 권했던 말씀인 "때를 얻든지 못 얻든지 항상 힘쓰라"(딤후 4:2)를 인용해가면서 인위적인 전도를 더욱 강조하고 있다. 그러나 이 말씀은 때를 얻든지 못 얻든지 무조건 입을 열어서 전도해야 한다는 의미가 아니라, 항상 말씀을 전파할 수 있는 준비를 하고 있어야 한다는 의미이다. '힘쓰라'에 해당하는 영어 번역은 'be instant'(KJV)나 'be ready'(NKJV)로서 원어 'επιστηθι'의 의미를 보다 잘 살리고 있다.

어쨌든 이 시대의 많은 그리스도인들은 전도에 대한 무거운 짐을 지고 살아가는 것이 사실이다. 그런데 정작 성경에는 사도들이 전도를 부담스러워했다는 기록이 없다는 사실을 알고 있는가? 사도 바울은 목회자로서 온 교회를 염려해야 하는 큰 부담을 가지고 있었지만(고후 11:28) 그것이 전도의 부담은 아니었다. 오히려 그는 전도의 도구로 쓰임 받는 것을 부담이 아닌 은혜로 여겼다고 고백하고 있다(엡 3:2,7,8).

(엡 3:7) "이 복음을 위하여 그의 능력이 역사하시는 대로 내게 주신 하나님의 은혜의 선물을 따라 내가 일꾼이 되었노라"

위의 말씀을 통해서 사도 바울이 복음을 전하는 일꾼으로서 어떠한 마음을 가지고 있었는지 단적으로 알 수 있다. 우선 그는 자신의 능력으로 전도했던 것이 아니라 "그의 능력이 역사하시는 대로" 쓰임을 받았다고 말하고 있다. 그리고 그가 복음의 일꾼이 된 것을 "하나님께로부터 받은 은혜의 선물"이라고 말하고 있다. 사도의 직분 자체를 감당할 수 없는 것으로 여기거나 복음을 알지 못하는 사람들에 대한 빚진 마음을 갖는 것은 얼마든지 있을 수 있는 일이지만, 전도를 '명령을 받고 힘겹게 완수해야 하는 부담'으로 여긴 것은 아니었다. 어차피 전도는 자기의 노력이 아니라 쓰임 받는 것이기 때문이다.

예수님께서 포도나무 비유를 통하여 열매를 많이 맺는 방법을 제자들에게 알려주셨다.

(요 15:4-5) "내 안에 거하라 나도 너희 안에 거하리라 가지가 포도나무에 붙어 있지 아니하면 스스로 열매를 맺을 수 없음같이 너희도 내 안에 있지 아니하면 그러하리라 나는 포도나무요 너희는 가지라 그가 내 안에, 내가 그 안에 거하면 사람이 열매를 많이 맺나니 나를 떠나서는 너희가 아무것도 할 수 없음이라"

그 방법은 간단했다. 포도나무이신 예수님 안에 거하는 것, 즉 포도나무에 붙어 있는 것이었다. 그리고 덧붙이시길 "나를 떠나서는 너희가 아무것도 할 수 없다"고 말씀하셨다. 포도 열매를 맺는 것은 포도나무의 능력이지, 접붙여진 가지의 능력이 결코 아니다. 가지에 열매가 맺히는 것은 포도나무의 통로로 쓰임을 받았기 때문이다. 열매를 맺게 하는 주체는 포도나무인가, 아니면 가지인가? 전도의 주체는 하나님인가, 아니면 사람인가? (포도나무의 열매를 오직 전도의 열매로만 한정하려는 의도는 아님을 밝히고 넘어가겠다)

잘 생각해보면 실제적으로도 자기의 의지와 상관없이 전도된 사례는 여기저기서 어렵지 않게 들을 수 있다. 예를 들면 친한 친구를 전도하려고 했는데 그 친구는 전도되지 않고 오히려 그 옆에 있던 친구가 전도되었다거나, 병실에서 어머니를 전도하기 위해 기도하던 도중 나지막한 그 기도 소리를 듣고 있던 옆자리의 병상에 누워 있던 사람이 전도되었다는 등 경우도 다양하다. 전도는 절대적으로 쓰임 받는 것이다. 진정한 전도자는 오직 주님이시고, 우리는 도구로서 그분의 쓰임을 받는 것일 뿐이다. 그래야 전도의 열매를 통한 모든 영광을 주님께만 돌릴 수 있다.

그러면 전도를 위한 인위적인 노력은 하지 않아도 된다는 말인가? 결코 그런 뜻이 아니다. 전도의 주체는 주님이지만 그래도 우리는 여전히 전도의 도구로 쓰임을 받아야 하는 책임이 있다. 주변 사람들에게 기회가 주어지는 대로 입을 열어야 한다. 그리고 결과는 맡기는 것이다. 포도나무에 붙어 있으면 열매를 맺을 수 있는 반면, 열매를 맺지 못한 가지는 찍힐 수도 있다는 사실과, 예수님께서는 심지어 열매 맺지 못하는 무화과나무를 저주하셔서 시들게도 하셨음을 기억해야 한다.

그러면 전도의 도구로 쓰임받을 수 있는 방법은 무엇인가? 그것은 예수님께서 이미 말씀하신 대로 포도나무에 붙어 있는 것이며, 이는 곧 주님 안에 거하는 것이다. 교회를 통해서 붙어 있을 수도 있고, 때로는 육신적으로는 홀로 있지만 믿음을 지키며 예수님 안에 거하는 사람들도 있을 수 있다. 하나님께서는 무리를 통해서 역사하실 수도 있고, 또는 홀로 있는 사람들을 사용하실 수도 있다. 전도의 도구로 쓰임받는 것은 무리(교회)인지 아니면 혼자(개인)인지의 문제가 아니다. 주님의 계획대로 주님 안에 거하는 자들을 자유롭게 사용하실 것이다.

성령의 역사는 마치 바람과 같아서 우리가 볼 수도 없고 컨트롤할 수도 없다. 또한 성령의 은사는 각각 다르다. 하나님께서는 다양한 성령의 은사를 다양한 방법으로 사용하셔서 전도를 비롯한 하나님의 일을 이루어가신다.

국외로의 전도, 즉 해외선교는 어떠한가? 요즘 한국의 웬만한 교회들은 하나같이 해외선교에도 열을 올리고 있다. 세계 속에서의 한국의 경제력과 위상이 높아진 탓인지, 해외선교에 있어서도 한국 선교사들의 활동이 두드러진다. 세계에서 선교사를 두 번째로 많이 파송하는 나라가 한국이라고 한다. 또 인천국제공항에 가보면 전국 각지에서 올라온 교회 차량들을 거의 매일 볼 수 있을 정도로 해외선교와 선교여행이 러시를 이루고 있다. 필자도 과거에 소속되었던 교단을 통하여 중국, 인도, 파키스탄, 아프리카에 선교여행을 다녀온 적이 있고, 또 필리핀에서 약 6년간 상주 선교사로서 가족과 함께 머문 적도 있었다.

그런데 오늘날의 해외선교의 실상을 보면 과연 무엇을 위한 선교인지 의구심이 들 때가 많다. 앞서 언급한 해외선교 활동에 참여하면서 필자가 소속되었던 교단의 해외선교의 여러 가지 문제점들을 발견하기도 했지만, 타 교단이나 교회들의 선교활동을 목격하면서 걱정스러운 느낌을 받았던 적도 많았다. 해외선교에 관한 많은 문제점들을 시시콜콜하게 모두 나열하고 싶지는 않다. 그러나 주로 저개발국에서 행해지고 있는 경제적 우월성을 이용한 인위적인 선교의 행태에 대해서는 한번쯤 생각해보고 넘어가야 할 것 같다.

해외선교는 전도와 다른 개념이 결코 아니다. 국내가 아닌 해외에서 전도하는 것을 해외선교라고 부를 뿐이다. 해외선교에서도 앞서 설명한 전도의 오류, 즉 인위적인 노력에 의한 결과물을 내려고 하는 오류는 동일하게 일어나고 있는 것 같다.

그런데 해외선교사들에게 특히 두드러진 경향은 자신을 파송해준 소속 교단이나 후원 교회에게 눈에 보이는 결과물을 보여주어야 한다는 강한 책임감 혹은 부담감을 가지고 있다는 것이다. 아마 후원하는 교단이나 교회에서도 그들이 후원하고 있는 해외선교의 결과물을 보고 싶어 할 수도 있다. 그러다 보니 선교사들 중에는 무리수를 두는 경우가 많다. 대표적인 무리수가 교인 수 증가를 위한 물질공세이다. 이러한 물질공세는 저개발국가에서 더 많이 사용되고 있다. 출석 인원을 늘리기 위해 규칙적인 식사를 제공하거나 선물을 제공하기도 하고, 심지어 돈을 주기도 한다. 특히 후원 교회의 선교 팀이 방문하기라도 하면 어떻게 해서든 인원을 늘려 참석하게 하고, 방문 목사의 설교를 듣게 하며 또 참석자들을 배경으로 사진까지 찍게 한다.

또 어떤 교단에서는 아예 돈을 들여 현지인 교회를 사기도 한다. 이는 돈을 지불하고 교회나 교인들을 직접 매매한다는 뜻이 아니다. 저개발국가의 현지인 목회자들은 경제적으로 어려움을 겪는 경우가 많은데, 그들에게 정기적인 후원을 약속하거나 아예 자기 교단 소속이 되게 하여 급여를 지급하면서 순순히 따르게 하는 것이다. 어려운 환경의 현지인 목회자들에게는 지속적으로 경제적 후원을 받는 것이 큰 유혹이 아닐 수 없기 때문에 이러한 제안을 받아들이는 경우가 많다.

심지어 어떤 이들은 물질적 후원을 얻기 위하여 선진국으로부터 파송된 선교사들을 의도적으로 찾아다니는 이들도 있다. 그리고 후원해줄 만한 선교사나 교단을 만나게 되면 자기들이 기존에 소속했던 교단을 기꺼이 떠나기도 하고 또 필요하다고 생각되면 선교사들이 듣고 싶어 하는 감동적인 간증도 연출하며, 심지어 다시 침례를 받기도 한다.

그런데 후원하는 한국의 교단에서도 이런 식의 교세 확장을 굳이 문제 삼지 않는 것 같다. 어떻게든 해외에 교회가 하나 더 생기면, 교단의 해외선교 본부 벽에 걸려 있는 세계지도에는 깃발이 하나 더 꽂히고, 교단 홈페이지에도 해외교회를 하나 더 추가할 수 있어서, 교인들에게 해외선교를 위한 헌금을 더 종용하거나 요구할 수 있는 좋은 근거가 되기 때문이다. 해외에서, 특히 주로 저개발국가에서 일어나고 있는 이러한 인위적인 교세 확장이 과연 해외선교라고 불릴 수 있을지 정말 의문이다.

앞서 말한 대로 해외선교는 해외에서의 전도일 뿐인데 이와 같은 행태의 '현지인 모으기' 혹은 '현지인 교회 사기(buy)'가 과연 합당한 전도 방법이라고 할 수 있을까? 물질공세로 인한 인위적인 교세 확장이 어떻게 성령의 역사이며, 하나님께 쓰임 받는 것이 될 수 있겠는가?

해외선교가 해외에서 이루어지는 전도의 과정이라면 해외선교도 반드시 성령의 인도하심에 따라 자연스럽게 이루어질 것이다. 초대교회 시대의 대표적인 해외선교사였던 사도 바울의 선교 과정을 통하여 성령께서 어떻게 역사하셨는지 살펴보자.

> (행 16:6-9) "성령이 아시아에서 말씀을 전하지 못하게 하시거늘 그들이 브루기아와 갈라디아 땅으로 다녀가 무시아 앞에 이르러 비두니아로 가고 애쓰되 예수의 영이 허락하지 아니하시는지라 무시아를 지나 드로아로 내려갔는데 밤에 환상이 바울에게 보이니 마게도냐 사람 하나가 서서 그에게 청하여 이르되 마게도냐로 건너와서 우리를 도우라 하거늘"

사도 바울은 아시아(현재 터키의 서부지역)에서 말씀을 전하고자 했으나 성령께서 허락하지 않으셨고 브루기아와 갈라디아, 무시아에 이르렀다. 거기서 바울은 다시 비두니아로 가려고 했으나 성령께서 이것도 허락하지 않으셨다. 그래서 환상의 계시를 받고 바다를 건너 마게도냐로 가게 되었고 유럽 전도가 시작되었다. 바울은 처음엔 해외선교에 관한 자기만의 계획이 있었던 것 같다. 그러나 나중엔 성령께서 자기의 계획을 허락하지 않으시는 것을 깨닫고 자기 계획을 포기하고 성령의 인도하심에 따랐던 것이 분명하다.

그리고 성령의 인도하심에 따르는 것은 물 흐르듯 자연스러운 것이었다. 여기서 자연스럽다는 뜻은 아무런 어려움이나 고난이 없었다는 뜻이 아니라 인위적이지 않았다는 뜻이다. 이것은 오늘날에도 마찬가지여야 한다. 비록 눈에 보이는 환상은 없다 할지라도, 누구나 인정할 수 있는 자연스러운 성령의 인도하심은 있다. 예를 들면 오늘날엔 여러 가지 목적으로 국경을 넘어 왕래하는 외국인도 많아지고, 해외에서 들어오는 외국인 근로자들도 많아졌다. 또 직업, 사업 또는 학업 목적으로 해외에서 거주하는 한국인들도 많아졌다. 이런 사람들을 통해 해외에 자연스럽게 전도가 시작되는 경우도 적지 않다. 또 이런 경우 외에도 우리가 미처 생각하지 못한 다양한 방법으로 성령께서는 역사하실 수 있다. 어쨌든 선교든 전도든 간에 모두 하나님께 쓰임받는 과정이므로 인위적인 방법이 아닌, 성령의 자연스러운 인도하심을 따라야 한다는 것에는 차이가 없다.

해외선교를 무조건 비판하려는 것은 결코 아니다. 지금도 험난한 오지에서 기꺼이 목숨을 걸고 복음을 전하고자 하는 순수한 하나님의 일꾼들도 얼마든지 있다고 믿는다. 하나님께서는 그들과 같은 깨끗한 그릇을 사용하셔서 세계 곳곳에 있는 잃어진 영혼을 건지는 일을 지속하실 것이다. 외롭고 힘든 여건에서도 오직 주님만을 의지하며 주님의 뜻을 행하고 있는 진정한 하나님의 일꾼들에게 진심으로 경의를 표하는 바이다.

그러나 해외선교라는 명분을 내세워 자기 교단의 교세를 해외에서도 확장함으로써 자기 교단의 힘을 과시하려는 이들도 적지 않은 것도 사실이다. 해외로 교단의 교세를 확장하고 싶은 마음도 이해할 수 있고, 선교 현장을 더 잘 이해하고 물심양면으로 후원하려는 목적으로 해외선교 지역을 방문하는 것도 있을 수는 있다. 그러나 그것을 '우리 교회에 임한 성령의 왕성한 역사' 혹은 '우리가 해외선교를 위해서 하나님께 쓰임받는 것'이라고 교인들을 속이지는 말아야 한다. 이는 자신들의 사적인 목적을 이루기 위해 하나님의 이름을 도용하려는 것이나 크게 다를 바 없기 때문이다.

"… 선지자들은 거짓을 예언 하며
제사장들은 자기 권력으로 다스리며
내 백성은 그것을 좋게 여기니…"

(렘 5:30-31)

5장.

속지 않으려면

하나 됨에 앞서 진리 여부를 따져라

맹목적인 순종은 단호하게 거부하라

분별력을 구하라

온전한 교회가 아닌 최선의 교회를 찾으라

하나 됨에 앞서 진리 여부를 따져라

(엡 4:3) "평안의 매는 줄로 성령의 하나 되게 하신 것을 힘써 지키라"

(엡 4:13) "우리가 다 하나님의 아들을 믿는 것과 아는 일에 하나가 되어 온전한 사람을 이루어 그리스도의 장성한 분량이 충만한 데까지 이르리니"

교회의 하나 됨에 대해서는 굳이 그 이유를 설명하지 않아도 그 필요성과 중요성을 대부분 수긍할 것이다. 또한 목회자들이 교회의 하나 됨을 힘써 강조하는 것도 전혀 이상한 일이 아니다. 뿐만 아니라 에베소서 4장 13절의 말씀처럼 교회가 하나 되기 위해서는 먼저 믿는 것과 아는 것이 하나 되어야 한다고 가르치는 것도 마땅하다. 교회의 하나 됨을 강조하기 위해 목회자들이 본절을 인용하는 것을 교인들 입장에서 거부감 없이 받아들이는 것도 어쩌면 당연하다고 할 수 있다.

그런데 교회의 하나 됨의 중요성을 잘못 인용하거나 심지어 악용하는 사례가 있다는 사실을 알고 있는가? 목회자들이 자신들만의 교리를 정당화시키고 자신들이 목회하는 교회의 체제를 유지시키기 위해 위와 같은 하나 됨과 관련된 말씀들을 무분별하게 혹은 의도적으로 오용하고 있는데도, 그것을 알아채는 교인들은 많지 않은 것 같다. 어쩌면 '하나 됨'이라는 단어 자체의 긍정적인 뉘앙스 때문에 오히려 그들의 눈이 가려졌는지도 모르겠다. 그리고 분별력 없이 모두 세뇌된 것처럼 '교회의 하나 됨을 위해 무조건적인 순종과 복종'의 정신으로만 살아가는 교인들을 볼 때 큰 안타까움을 느낀다.

많은 사이비나 이단 집단도 자신들의 체제를 유지하기 위해서는 하나 됨을 강조한다. 따라서 하나 됨만을 위한 맹목적인 순종은 자칫 자신을 더 위험에 빠트릴 수도 있다는 사실을 기억해야 한다. 그래서 교회의 하나 됨과 관련된 말씀들의 올바른 의미가 무엇인지를 짚어보고 개인의 신앙과 교회의 하나 됨을 이루기 위해 우리가 진정으로 추구해야 하는 것들이 무엇인지 생각해보아야 할 필요를 느낀다.

우선 제자들의 하나 됨을 간구하신 예수님의 중보기도를 통해 예수님께서 진정으로 원하셨던 제자들의 하나 됨의 목적이 무엇이었는지 알아보자.

(요 17:11) "나는 세상에 더 있지 아니하오나 저희는 세상에 있사옵고 나는 아버지께로 가옵나니 거룩하신 아버지여 내게 주신 아버지의 이름으로 저희를 보전하사 우리와 같이 저희도 하나가 되게 하옵소서"

(요 17:21-22) "아버지께서 내 안에, 내가 아버지 안에 있는 것같이 저희도 다 하나가 되어 우리 안에 있게 하사 세상으로 아버지께서 나를 보내신 것을 믿게 하옵소서 내게 주신 영광을 내가 저희에게 주었사오니 이는 우리가 하나가 된 것같이 저희도 하나가 되게 하려 함이니이다 곧 내가 저희 안에, 아버지께서 내 안에 계셔 저희로 온전함을 이루어 하나가 되게 하려 함은 아버지께서 나를 보내신 것과 또 나를 사랑하심같이 저희도 사랑하신 것을 세상으로 알게 하려 함이로소이다"

위의 말씀들을 통해 예수님께서 제자들의 하나 됨을 간구하신 이유가 무엇이었는지 잘 알 수 있다. 그것은 '세상으로 하여금 예수님은 하나님께서 보내신 분이었다는 사실과 하나님께서 제자들도 사랑하신다는 사실을 알게 하는 것'이었다. 다시 말해 제자들의 하나 됨을 통해 그들의 선생이신 예수님을 '하나님의 보내신 자'로 세상에 증거하고 또 제자들의 아름다운 하나 됨을 통해 하나님께 영광을 돌리는 것이 예수님께서 바라신 제자들의 하나 됨의 참 목적이었다.

그런데 세상의 많은 교회의 목회자들은 예수님을 증거하는 것보다 자신들의 이름과 자신들의 교단의 이름을 더 증거하고 싶어 하는 것 같다. 또한 입으로는 예수님을 증거하는 것 같고 하나님의 영광을 말하는 것 같지만, 실제로는 자신들의 영광을 더 추구하기도 한다. 자신들이 목회하는 교단의 끈끈한 결속과 단단한 화합을 통하여 자신들의 목회력과 교세를 과시하고 싶어 하는 것이다. 이러한 목적을 달성하기 위해 그들은 교회의 하나 됨을 더욱 강조한다.

또 이에 부응하기라도 하듯이 많은 교인들도 순순히 하나 됨에 적극적으로 동참하고 있다. 더욱 흥미로운 점은 목회자들의 부도덕성과 비리가 외부에 알려져 사회적인 지탄이나 공격을 받게 될 경우, 교인들은 자신들의 목회자를 보호하고 자신들이 속한 교회의 체제를 유지하기 위해 더욱 하나 됨을 강조한다는 사실이다. 이와 같은 하나 됨을 하나님께서도 과연 기뻐하실까? 이제라도 우리가 추구했던 교회의 하나 됨의 진정한 목적이 무엇이었는지 돌이켜보자. 그 목적이 과연 예수님에 대한 올바른 증거를 통하여 많은 영혼들을 구원하고 아버지 하나님께 영광을 돌리기 위해서였는지. 아니면 체제 유지나 친목을 통해서 목회자의 영향력 강화를 위해서였는지.

제자들의 하나 됨을 위한 예수님의 중보기도에는 하나 됨에 대한 직접적인 간구 외에도 아래와 같은 말씀도 함께 기록되어 있다.

> (요 17:17) "저희를 진리로 거룩하게 하옵소서 아버지의 말씀은 진리니이다"

> (요 17:19) "또 그들을 위하여 내가 나를 거룩하게 하오니 이는 그들도 진리로 거룩함을 얻게 하려 함이니이다"

예수님께서는 제자들의 하나 됨만을 원하신 것은 아니었다. 예수님께서는 아버지이신 하나님의 말씀을 통한 제자들의 거룩한 생활과 하나님의 사랑이 그들 속에 거하게 되는 것도 간절히 원하셨다. 제자들이 하나 되기 위해서는 그들의 거룩한 생활이 요구된다는 것과 또한 하나님의 사랑이 있어야 한다는 것을 예수님께서는 잘 알고 계셨던 것이다. 거룩한 성전에 거룩하신 하나님의 임재가 이루어지듯 깨끗한 그리스도인들의 모임 가운데에 성령이 머물게 될 것이기 때문에 그들을 거룩하게 해 달라고 구하신 것이다. 그리고 그들이 거룩하게 될 수 있는 수단은 오직 '진리'여야 하며, 그 진리는 곧 아버지의 말씀이어야 한다고 말씀하고 계신다. 그 진리를 통해서 제자들이 거룩함과 하나 됨을 이루어야 한다는 것이 바로 예수님의 뜻이자 제자들을 위한 기도였다. 그런데 오늘날 많은 교회들이 앞 다투어 하나 됨을 강조하지만, 그들이 하나 됨의 수단인 진리에 대해서는 정확하고 엄격한 잣대를 가지고 있는지는 정말 의문이다.

(엡 4:13) "우리가 다 하나님의 아들을 믿는 것과 아는 일에 하나가 되어 온전한 사람을 이루어 그리스도의 장성한 분량이 충만한 데까지 이르리니"

교회를 이끌고 있는 많은 목회자들이 본절의 말씀을 인용하며 자신들의 개인적인 견해나 가르침을 온 교회가 반대 없이 따르도록 가르치고 있다. 그런데 만일 그 목회자의 가르침에 중대한 오류가 있다면 어떻게 해야 할까? 오류가 있더라도 하나 되게 믿는 것이 더 중요한가? 예를 들면 한 목회자가 "나는 1+1은 때로는 3이 될 수 있다고 믿으니 여러분들도 저와 같은 믿음을 가져주십시오."라고 말했다면 어떻게 반응하는 것이 옳은가? 이와 같은 그릇된 믿음에 하나 되어서는 안 된다는 것은 너무나도 당연하지 않은가? 그런데 현실은 그렇지 않은 것 같다.

안타깝게도 이 시대의 많은 기독교인들은 진리인지 아닌지의 여부를 자신들이 속한 교단이나 교회의 가르침에 부합하는지의 여부에 따라 결정하는 경우가 많다. 이런 경향이 나타나는 이유는 어쩌면 그들의 교단이나 교회에 절대적인 신뢰를 갖고 있기 때문일 수도 있고, 앞서 설명한 감정전이 현상과 같은 것 때문일 수도 있다. 또 어쩌면 진리 여부를 분별할 수 있는 분별력을 가지고 있지 않고 있기 때문일 수도 있다. 어쨌든 이와 같은 이유로 인하여 세상에는 수많은 서로 다른 진리들이 외쳐지고 있다.

진리는 그 속성상 절대 포용적이지 않고 매우 배타적이다. 쉽게 말하면 서로 다른 두 가지 이상의 진리가 있을 수 없다. 진리는 오직 하나이다. 그렇기 때문에 이 하나의 진리 외에는 모두 거짓으로 배척한다는 뜻이다. 예를 들면 1+1은 2가 진리라면, 2가 아닌 어떠한 다른 답이나 견해도 결코 진리가 될 수 없다. 이 세상에서 서로 다른 수많은 교리가 존재한다는 것은 결국 많은 교회들이 잘못 가르치고 있다는 의미이다.

그렇다면 여러분이 속한 교회의 가르침이 진정한 진리라고 어떻게 확신하는가? 그것을 확인해본 적이 있는가? 1+1은 2.1이라고 한다면, 이 정도는 하나 되기에 충분하다고 타협하고 있지는 않은가? 많은 사이비나 이단 교파들도 자기들의 교리로 하나 됨을 이루고 있음을 기억한다면, 진리가 아닌 하나 됨은 아무런 의미가 없다는 것을 알 수 있다. 귀신들도 스스로 분열을 일으키지 않을 것이라고, 즉 귀신들도 하나 되기에 애쓸 것이라고 예수님께서 말씀하신 것처럼(마 12:25-26), 어떤 무리가 하나가 되었다는 그 자체만으로는 아무런 의미가 없을 수도 있다.

올바른 하나 됨을 이루기 위해서는 하나 됨의 올바른 도구인 진리의 말씀이 먼저 전제되어야 한다. 잘못된 가르침으로 이견이 없이 하나가 되는 교회보다, 한 명이라도 분별력 있게 반대하는 사람이 있는 교회가 훨씬 나을 수 있다. 후자 쪽에는 적어도 개선될 가능성이라도 있기 때문이다. 믿는 것과 아는 일에 하나가 되는 것은 중요하지만, 그들이 함께 알고 믿는 대상이 진리가 아니라면, 그들의 하나 됨은 아무런 의미가 없다.

또한 교단의 하나 됨을 강조하기 위해 어떤 교단에서는 목사들의 동일한 목회 패턴을 요구하면서 고린도전서 12장 18절을 인용하기도 한다고 한다.

> (고후 12:18) "내가 디도를 권하고 함께 한 형제를 보내었으니 디도가 너희의 이를 취하더냐 우리가 동일한 성령으로 행하지 아니하더냐 동일한 보조로 하지 아니하더냐"

예를 들면 주일예배 시에 기도 순서나 찬송 횟수 등에 있어서 동일하지 않으면 본절에 입각하여 지적을 당하기도 한다. 또 다음과 같은 다소 황당한 경우도 생기기도 한다. 어느 대형교회에서 실제로 있었던 일이다. 대부분의 목사들이 교인들로부터 의례히 받아오던 특정 활동에 대한 사례비를 한 후임 목사가 공손하게 거절했는데, 동일한 보조가 아니라는 이유로 선임 목사에게 꾸짖음을 받았다고 한다. 고린도후서 12장 18절을 통해서 사도 바울이 강조했던 것은 무조건적인 '동일한 보조'가 아니라 '고린도 교인들로부터 돈을 받지 않고 사역에 임했다는 사실이 동일했다'는 것이다. 고린도 교회로부터의 물질적인 후원이 없었음에도 불구하고 디도나 바울이나 동일한 보조로 고린도 교회를 위해 기꺼이 사역했음을 말하고 있는 것이다. 그런데 모두 받는 사례비를 정중하게 거절했다는 이유로 후임 전도인을 꾸짖었다니….

만일 사도 바울이 자기가 했던 말이 이렇게 오용되고 있다는 사실을 안다면 어떤 심정일까? 조금만 더 사려 깊게 생각해보면 누구나 그 후임 목사의 태도가 훨씬 옳았다는 것을 알 수 있을 것이다. 누구나 분별할 수 있는 이런 말씀도 교단에 대한 순종과 통일성만을 미덕이라고 맹신하는 사람들에게 한번 더 숙고할 수 있는 의지도 분별력도 없다는 것이 안타깝다. 진리가 아니라면 아는 것과 믿는 것이 아무런 의미가 없는 것처럼, 합당한 발걸음이 아니라면 동일한 보조도 아무런 의미가 없다. 동일한 보조이기 전에 하나님께서 인정하시는 합당한 보조여야 하지 않겠는가?

(딤전 3:15) "만일 내가 지체하면 너로 하나님의 집에서 어떻게 행하여야 할 것을 알게 하려 함이니 이 집은 살아계신 하나님의 교회요 진리의 기둥과 터이니라"

교회는 진리의 기둥과 터이다. 교회야말로 진리의 본산이요 진리를 수호할 책임을 져야 할 곳이다. 진리가 전해지지 않는다면 그 지역교회는 교회로서의 본분을 다하고 있지 않는 것이다. 따라서 교회에서 바른 교훈 혹은 선한 교훈을 가르쳐야 한다는 것은 올바른 교회의 가장 중요한 기준 중에 하나가 될 것이다. 더 나아가 진리를 지키고 보전하는 것이 교회의 또 하나의 중요한 역할이자 사명이라고 할 수 있다.

(딤전 1:3-7) "내가 마게도냐로 갈 때에 너를 권하여 에베소에 머물라 한 것은 어떤 사람들을 명하여 다른 교훈을 가르치지 말며 신화와 끝없는 족보에 착념치 말게 하려 함이라 이런 것은 믿음 안에 있는 하나님의 경륜을 이룸보다 도리어 변론을 내는 것이라 경계의 목적은 청결한 마음과 선한 양심과 거짓이 없는 믿음으로 나는 사랑이거늘 사람들이 이에서 벗어나 헛된 말에 빠져 율법의 선생이 되려 하나 자기의 말하는 것이나 자기의 확증하는 것도 깨닫지 못하는도다"

디모데가 에베소 교회에서 목회를 하고 있을 때, 사도 바울이 그에게 에베소 교회에 머물러 목회를 하게 한 목적 중 첫 번째는 에베소 교회에 침투한 다른 교훈을 척결하는 것이었다. 다른 교훈의 반대 개념은 '바른 교훈(sound doctrine)'이라고 할 수 있다. 바른 교훈이라는 표현은 3권의 목회서신인 디모데전서와 후서 그리고 디도서에서 모두 언급하고 있다. 그만큼 교회를 목회하는 데 있어 가장 중요한 자질 중 하나는 바른 교훈을 가르치는 것이라는 의미일 것이다. 교회가 아무리 양적으로 성장했다 하더라도 바른 교훈, 즉 올바른 교리가 없다면 속이 빈 나무와 같아서, 겉보기에는 멀쩡하게 보이지만 실상은 아무런 열매도 맺을 수 없는 죽은 나무와 같은 경우가 많다.

쏟아지는 새로운 지식과 다양한 견해들로 인하여 무엇이 진리인지 알기 어려운 혼란스러운 세상이 되어가고 있지만, 성경엔 교회가 마땅히 가르쳐야 할 정통 교리의 말씀들이 분명히 있다. 그래서 그 정통의 교리, 즉 바른 교훈에 대한 분별력을 키워야 한다. 그리고 올바른 가르침처럼 보이는 많은 잘못된 가르침으로부터 진리를 지키고 고수해야 한다.

사실 모든 교리를 완벽하게 가르치는 교회는 찾기 어려울 수도 있다. 그러나 자기가 속해 있는 교회의 무리와 섞일 수는 있을지언정, 진리가 아닌 것을 분명히 알고도 진리라고 인정하지는 말아야 한다. 어쩌면 잘못된 교리에 대한 타협과 묵시적 허용이 갈수록 세상에 온갖 거짓 교리가 난무하게 만드는 이유일지도 모른다.

모든 그리스도인이 이단 감별사가 되어야 한다고 말하려는 것이 아니다. 그리스도인으로서 바르게 믿고 바르게 살기 위해서는 하나 됨이라는 말에 무작정 현혹되기 전에, 진리를 바르게 분별하는 것이 가장 우선되어야 한다는 것, 또 분명한 진리라면 현실과 타협하지 않고 고수하는 것이 매우 중요하다는 점을 강조하고 싶은 것이다.

맹목적인 순종은 단호하게 거부하라

우리나라에서는 남자라면 대부분 일정 기간 동안 의무적으로 군복무를 해야 한다. 그래서 대부분의 한국 남성들은 군대문화에 매우 익숙하며 심지어 편안하게까지 느끼는 사람도 있다고 한다. 군대 문화 중에서도 군대식 서열과 군대식 대인관계는 한국 사회 곳곳에 침투해 있다. 상명하복의 관계를 중요시하고 선임과 후임의 질서를 중요시하는 군대식 상하관계는 직장이나 학교, 심지어 군대 생활을 경험해본 적이 없는 여성들 사이에서도 쉽게 찾아볼 수 있다. 조직에 새롭게 편입된 신참들에게는 상명하복의 문화가 다소 부담이 될 수는 있지만, 리더의 입장에서는 군대식으로 조직을 관리하는 것이 훨씬 수월할 수도 있을 것이다. 그런데 상명하복을 강조하는 이러한 군대 문화가 교회 안에 들어온다면 어떻게 될까?

(히 13:17) "너희를 인도하는 자들에게 순종하고 복종하라…"

군대 문화에 익숙한 우리나라 기독교인들은 위와 같은 말씀들을 접할 때 학교나 군대 혹은 사회에서 체득한 군대식 질서를 쉽게 떠올리게 되는 모양이다. 더군다나 구약성경에는 모세가 많은 인구의 이스라엘 백성들을 이끌고 출애굽했을 때 장인의 조언을 받아 십부장, 오십부장, 백부장, 천부장 등을 세웠던 기록이 있고(출 18:17-25), 또 신약에도 그리스도인들을 복음을 전하는 군사로 묘사한 부분이 있어서(딤후 2:3), 이 같은 군대식 상하질서의 문화가 교회 내에도 자연스럽게 받아들여진 것 같다. 이와 같이 교회에 스며든 군대 문화의 실질적인 예를 한두 가지 들어보겠다.

어떤 다른 대형교회에서는 원로목사가 후임 목사들을 불러 일렬로 세워놓고 훈계하면서 구둣발로 후임 목회자들의 정강이를 걷어찼다고 한다. 이 이야기는 그 교회에 출석하는 한 교인으로부터 직접 들은 이야기이다. 그 원로목사가 설교 중에 당당하게 말했다고 한다. 그런데 더욱 놀라웠던 것은 이 설교를 들은 그 교인은 원로목사의 그 같은 행동에 큰 존경심과 자부심을 갖게 되었다고 말하는 대목이었다.

또 다른 한 예를 들어보겠다. 이번에도 목회자가 많은 한 대형교회에서 실제로 있었던 일이다. 한번은 선임 목회자와 후임 목회자 간에 불협화음이 생겼다. 후임 목회자는 선임 목회자에게 잘잘못을 따졌다. 참고로 후임 목회자가 나이는 더 많았다. 그런데 후임 목회자의 선임 목회자에 대한 고분고분하지 못한 태도를 전해들은 원로목사가 그 후임 목회자를 불러서 훈계했다고 한다. "선임 목회자에 대한 후임 목회자의 합당한 태도는 엘리야의 손에 물을 부었던 엘리사와 같아야 한다"며 성경 구절(왕하 3:11)까지 인용했다고 한다. 목회자들에 관한 이런 일화들을 듣고 개인적으로 씁쓸한 마음을 지울 길이 없었다.

군대식 상명하복의 질서가 성경에서 말하는 질서와 같거나 비슷하다고 생각하는 것은 큰 오해이다. 우선 교회 내에서 질서를 빌미로 폭력을 행사한다는 것은 결코 있어서는 안될 일이다. 그 목회자는 하나의 자랑스러운 무용담으로 생각할지 모르지만, 작은 폭력을 허용하면 더 큰 폭력도 차츰 허용하게 되고, 거기서 조금 더 나가면 사회적인 문제를 야기하는 사이비 집단이 될 수 있다. 또 엘리야와 엘리사의 관계를 보면, 엘리야의 뒤를 이어 엘리사가 선지자 되었기 때문에 얼핏 들으면 선후임의 관계 같아보이겠지만, 실상은 그렇지 않다. 엘리야는 당시에 하나님의 말씀을 대언하는 위치에 있는 선지자였고, 엘리사는 일개의 생도였다. 뿐만 아니라 엘리야는 많은 생도들을 훈련시킨 선생님으로서 엘리사와는 사제관계였다. 따라서 엘리사가 엘리야를 종처럼 떠받든 이유는 섬김의 대상이자 순종의 대상인 사제관계였기 때문이지, 그들이 선후임의 관계이기 때문이 아니었다.

> (왕하 2:3) “벧엘에 있는 선지자의 제자들이 엘리사에게로 나아와 그에게 이르되 여호와께서 오늘 당신의 선생을 당신의 머리 위로 데려가실 줄을 아시나이까 하니 이르되 나도 또한 아노니 너희는 잠잠하라 하니라”

성경상의 부분적인 일화를 통해서 생각나는 대로 해석하기 전에 성경 전체가 일관되게 가르치는 것이 무엇인지를 균형 있게 볼 수 있어야 오류에 빠지지 않을 수 있다. 예수님의 제자들은 그들의 선생님이신 예수님께 마땅히 순종해야 했다. 그러나 제자들에겐 “너희 선생은 하나이요 너희는 다 형제니라”(마 23:8)라고 그들을 동등한 형제관계로 정리해주셨다. 예수님의 제자들 간에 선후임 순서에 따라 상하관계를 설정하거나 후임이 선임의 손에 물을 부어준 예가 있었는가?

또 바나바와 바울의 관계는 어떠한가? 목회자들 간의 선후임 관계가 군대의 서열과 같아야 한다면, 바울은 고향에 있던 자기를 찾아와 사도의 역할을 할 수 있도록 이끌어준 대선배인 바나바와 심한 말다툼을 어떻게 할 수 있었는가(행 15:39)? 또 바울은 베드로를 자기가 기둥과 같이 여기는 사도라고 했으며(갈 2:9) 군대식으로 치면 왕고참과 같이 대해야 할 사람이었다.

그런데 베드로가 외식의 잘못을 범했을 때 바울은 그를 많은 사람들 앞에서 책망한 적이 있다(갈 2:11-14). 하나님의 뜻에 어긋나는 베드로의 행동을 목격하고는 바울은 공개적으로 베드로의 잘못을 드러내고 그를 책망했던 것이다. 군대식 질서였다면 도저히 일어날 수 없는 일일 것이다. 바울은 많은 사람들이 베드로와 같은 외식의 오류에 빠지지 않도록 하는 것을 더 중요하게 생각했고, 그것을 위해 오히려 인간관계의 불편함까지도 기꺼이 감수했던 것이다. 선임 사도를 기쁘게 하기에 앞서 먼저 하나님을 기쁘게 해드리는 것이 더 중요하지 않겠는가?

일부 대형교회 목회자들이 교회 내의 상하질서와 순종을 특별하게 강조한다면, 그들에게 아마 다른 목적이 있을 수도 있다. 먼저 목회자들 사이에 상하관계의 질서를 확립하고 그것을 교인들에게 보여줌으로써 교인들에게도 자연스럽게 질서와 복종에 대하여 학습하게 하여, 교회 전체를 자신들의 통제 아래 두고 자신들의 뜻대로 수월하게 운영하려는 데 그 목적이 있는지 모른다.

어쨌든 한국의 대부분의 교회는 이미 계급화되어 있는 것 같다. 교회의 규모와 상관없이 대부분의 교회 내에는 장로, 목사, 전도사, 강도사, 권사, 집사와 같은 다양한 직분들이 존재한다. 이와 같은 직분들은 말 그대로 각기 역할이 다른 직분의 명칭으로서만 여겨져야 하는데, 실제로는 수직적인 계급체계처럼 여겨지고 있다. 목사는 집사보다 더 높은 위치로 보는 경우가 대부분이고, 실제로 교회 운영에 있어서 목사의 영향력은 집사와 비교되지 않을 정도로 훨씬 크다.

물론 가르치는 자와 가르침을 받는 자 사이에는 마땅한 예절이 필요하다. 그러나 이 역시 계급의 차이를 의미하는 것은 아니다. 또 직분을 맡은 사람들은 직분을 맡지 않은 일반 교인들보다 좀 더 나은 위치 혹은 더 높은 위치에 있다고 생각하는 경우가 일반적이다. 교회마다 직분들의 발언권이나 영향력은 조금씩 다를지 모르지만, 어쨌든 요즘의 교회는 하나의 군대 조직과 같다는 느낌을 지울 수 없는 것이 오늘날 대부분의 교단이나 교회의 현실이다. 이와 같은 것들이 과연 하나님께서 원하신 교회의 질서일까?

(고전 14:33) “하나님은 어지러움의 하나님이 아니시요 오직 화평의 하나님이시니라”

(고전 14:40) “모든 것을 적당하게 하고 질서대로 하라”

어떤 목회자들은 위의 말씀들을 인용하며 ‘하나님은 질서의 하나님'이라는 그럴듯한 말을 만들어내어 교회 내의 상하 질서와 순종을 종용하기도 한다. 위의 구절들에서 말하고 있는 질서는 결코 인위적으로 만들어진 교회 내의 상하 질서나 계급체계를 말하고 있는 것이 아닌데, 그 의미를 오해하거나 의도적으로 왜곡하여 잘못 사용하고 있는 것이다.

사도 바울이 고린도전서에서 질서에 대하여 교훈할 수밖에 없었던 이유는 다음과 같다. 당시 고린도 교회 내에는 여러 가지 성령의 은사가 허락되고 있었는데, 특히 각자의 덕을 세우기 위해 방언을 서로 하려는 문제가 심각했다(고전 14:4). 이러한 문제를 전해들은 사도 바울은 이와 같은 무분별한 은사 사용을 질서 있게 하도록 바로잡아야 할 필요성을 느꼈다. 결국 위의 구절들은 그들에게 방언을 통역도 없이 혹은 순서도 없이 무분별하게 함으로써 교회를 어지럽게 하지 말라고 하신 말씀이지, 상하질서나 계급의 당위성에 관한 말씀이 전혀 아니다.

오늘날 자신들도 모르는 사이에 교인들에게 질서와 순종을 요구하는 것을 당연하게 여기는 이들이 많은 것 같다. 이미 최고 권력자의 위치에 익숙해졌거나 혹은 권력의 달콤한 맛에 흠뻑 빠져 있는 목회자들이 많은데, 이는 참으로 안타까운 일이 아닐 수 없다. 개미의 사회는 대표적인 질서의 사회이지만, 그러나 그들에겐 두령도 없고 간역자나 주권자도 없다(잠 6:7-8). 그럼에도 불구하고 개미 사회의 질서가 잘 유지되고 있는 것처럼, 교회에서도 상하계급이 필수적인 것이라고는 할 수 없다. 참고로, '여왕개미'란 명칭은 다른 개미들 위에 군림하는 권력자로서의 왕의 개념이 아니라 기능상의 특징에 따라 붙여진 이름일 뿐이다.

그렇다고 해서 교회 안에 수직적인 질서가 전혀 필요 없다고 말하는 것은 아니다. 하나 됨이 교회 내에서 중요한 것처럼, 질서 역시 교회 내에서 중요하고 필요한 덕목임에는 틀림없다. 모든 조직은 질서가 있어야 체계적으로 움직일 수 있듯, 전도에 있어서도 그리고 성도들을 돌아봄에 있어서도 질서는 중요하다고 믿는다. 또 가정의 위계질서와 사회의 위계질서를 세우신 하나님께서는 교회에서도 위계질서를 원하실 것이다. 교회 안에서 가르치는 사람과 가르침을 받는 사람은 각각 위치와 역할이 다를 수밖에 없다. 교회 안에서의 남자와 여자의 위치와 역할도 마찬가지다. 서로 보완적이면서도 수직적인 질서도 요구되고 있다. 모든 위치와 권세는 하나님께로부터 나온 것이기 때문에 마땅히 순종해야 한다.

(롬 13:1) "각 사람은 위에 있는 권세들에게 복종하라 권세는 하나님으로부터 나지 않음이 없나니 모든 권세는 다 하나님께서 정하신 바라"

그러나 하늘나라에서는, 예수님께서 말씀하신 것처럼, 사람 사이의 수직적인 위계질서가 더 이상 존재하지 않는다. 하나님을 제외하고는 부모와 자식의 질서도 없고, 남편과 아내의 질서도 없으며, 형과 동생의 질서도 없고, 주인과 종의 질서도 없다(마 12:50). 그래서 하나님의 자녀들 간의 질서의 대전제는 다 같은 형제라고 예수님께서 말씀하신 것이다.

(마 23:8) "그러나 너희는 랍비라 칭함을 받지 말라 너희 선생은 하나이요 너희는 다 형제니라"

교회 안에서는 사도가 되었건 목사가 되었건 일반 성도가 되었건 간에 다 같은 형제이다. 다 같은 형제들이 함께 모여 목사님을 섬기는 것이 아니라, 진정으로 순종해야 할 유일한 한 분인 주님만을 섬기는 것이다.

교회 내의 질서에 대한 개념이 올바로 정립되었다면 순종에 대한 올바른 이해도 쉽게 정립될 수 있다. 세상에서의 부자(父子) 혹은 주종(主從) 관계는 하나님과 그리스도인 관계의 그림자이다. 우리의 진정한 아버지 그리고 진정한 주인은 바로 하나님이시다. 만일 세상에서의 육신의 아버지나 남편이 하나님의 뜻에 반하는 명령을 한다면 어떻게 해야 할까? 예를 들면 믿지 않는 아버지가 하나님을 믿는 것을 반대하고 예배나 교제에 참석하는 것을 반대한다면 어떻게 해야 할까? 대부분의 그리스도인들은 우리들의 진정한 아버지이신 하나님의 뜻을 따르는 것이 그에 반하는 육신의 아버지 혹은 육신의 남편의 뜻을 따르는 것보다 우선되어야 한다는 결론을 어렵지 않게 내릴 수 있을 것이다. 하나님께 대한 절대적인 순종, 이것이 그리스도인으로서의 질서와 순종에 관한 대전제이다.

> (삼상 15:22) "사무엘이 이르되 여호와께서 번제와 다른 제사를 그의 목소리를 청종하는 것을 좋아하심같이 좋아하시겠나이까 순종이 제사보다 낫고 듣는 것이 숫양의 기름보다 나으니"

이 말씀도 그릇된 목회자들이 자신들에 대한 순종을 교인들에게 요구하거나 종용하기 위해 인용하기를 좋아하는 말씀이다. 위의 말씀은 사무엘이 사울 왕을 꾸짖으며 했던 말인데, 이 중에서 "순종이 제사보다 낫다"는 말만 빼내어 강조하면서 신도들에게 순종의 중요성을 세뇌시킨다. 위의 말씀을 보면 사무엘은 사울이 자신에게 순종하지 않는다고 꾸짖은 것이 아니라, 여호와의 목소리에 청종하지 않음을 꾸짖고 있다는 것을 분명히 알 수 있다.

목회자들이 불순종에 대해서 교인들을 꾸짖으려면 하나님에 대한 불순종을 담대하게 꾸짖어야 할 것이다. 그러나 만일 교인들이 하나님의 뜻에 불순종하는 것에는 침묵하고 오히려 자기들의 뜻에 불순종하는 것에는 불쾌해하는 목회자가 있다면, 이는 크게 잘못되고 있다는 방증이 아니겠는가?

여기 이스라엘 역사(구약)에서 찾아볼 수 있는 그릇된 순종에 대한 또 하나의 실질적인 예를 들어보겠다.

> (삼하 11:14-17) "아침이 되매 다윗이 편지를 써서 우리아의 손에 들려 요압에게 보내니 그 편지에 써서 이르기를 너희가 우리아를 맹렬한 싸움에 앞세워 두고 너희는 뒤로 물러가서 그로 맞아 죽게 하라 하였더라 요압이 그 성을 살펴 용사들이 있는 것을 아는 그곳에 우리아를 두니 그 성 사람들이 나와서 요압과 더불어 싸울 때에 다윗의 부하 중 몇 사람이 엎드러지고 헷 사람 우리아도 죽으니라"

다윗이 밧세바를 강제로 취한 후 그녀의 임신 사실을 알고 그녀의 남편인 우리아를 죽게 한 사건은 성경에서 가장 유명한 에피소드 중 하나이다. 당시 우리아는 다윗의 대표적인 용사 37인 중 한 명으로서(삼하 23:39) 하나님께뿐만 아니라 다윗에게도 매우 충성스러운 군인이었다(삼하 11:11). 우리아가 암몬 족속과의 전쟁에서 싸우고 있을 때 다윗의 군대 장관이자 우리아의 상관이던 요압은 다윗으로부터 우리아를 죽게 하라는 명령을 받게 된다. 이 같은 상황에서 만일 여러분이 요압이라면 다윗의 명령에 순종해야 한다고 생각하는가, 아니면 비록 왕의 명령이지만 거부해야 한다고 생각하는가?

필자가 현역 목사로 있을 때 동료 목사 중에 "순종해야 한다. 왜냐면 질서 상 순종의 대상이기 때문이다."라고 대답한 이가 있었다. 그의 대답을 듣고 개인적으로 무척 놀랐다. 목사가 이러한 생각을 가지고 있다면 그 목사의 가르침을 받는 사람들은 오죽하겠는가? 이것이 바로 성경에서 말하는 질서와 순종을 바르게 이해하지 못한 데서 오는 폐해이다. 문제는 이런 생각을 가진 목사나 일반 성도들이 적지 않다는 사실이다.

여러분은 어떠한가? 혹시 아직도 어떻게 하는 것이 옳은지 판단이 서지 않는 사람이 있는가? 만약 그렇다면 여러분도 그리고 그 목사도 질서와 순종에 대한 큰 오해를 하고 있다는 증거일 수 있다.

요압의 입장에서 보면 다윗 왕은 질서상 위에 있는 권세였기 때문에 다윗 왕에 대한 일반적인 순종은 마땅한 것이라고 할 수 있다. 더군다나 다윗 왕이 하나님께 쓰임받고 있는 사람이라는 것도 요압으로서는 잘 알고 있었기 때문에 더욱 그러해야 했다. 그러나 요압은 다윗 왕의 모든 명령에 무조건 순종하기 전에 그 명령들이 하나님 앞에서 합당한지를 먼저 생각해야 했다. 왜냐면 다윗 왕은 비록 위계질서 상 순종의 대상이기는 하지만 다윗 역시 언제든지 실수하고 오류를 범할 수 있는 연약한 인간인 반면, 하나님은 100% 완벽한 진리와 선(善)의 소유자이시기에 어떤 상황에서도 하나님께 대한 절대적인 믿음과 순종이 우선적으로 요구되기 때문이다. 이것이 바로 믿음의 조상 아브라함이 하나님으로부터 자식을 제물로 바치라는 명령을 듣고도 기꺼이 순종하려고 했던 이유다.

아무튼 요압은 하나님이 아닌 육신의 상전의 명령을 받을 때 그것이 하나님의 뜻에 합당한 것인지를 먼저 확인했어야 했다. 그리고 만일 그것이 하나님의 뜻에 반하는 것이라면, 그 명령에 순종하는 것을 거부했어야 했다. 그가 먼저 순종했어야 할 우선 대상은 다윗이 아니라 하나님이시기 때문이다. 요압은 비록 다윗의 명령을 따라야 할 위치에 있었지만, 그는 충분히 다윗에게 명령을 재고해줄 것을 요청할 수도 있었다. 실제로 요압은 다윗의 부당한 명령을 재고해달라고 요청한 적이 있었다.

(대상 21:1-8) "사단이 일어나 이스라엘을 대적하고 다윗을 격동하여 이스라엘을 계수하게 하니라 다윗이 요압과 백성의 두목에게 이르되 너희는 가

서 브엘세바에서부터 단까지 이스라엘을 계수하고 돌아와서 내게 고하여 그 수효를 알게 하라 요압이 가로되 여호와께서 그 백성을 지금보다 백 배나 더하시기를 원하나이다 내 주 왕이여 이 백성이 다 내 주의 종이 아니니이까 내 주께서 어찌하여 이 일을 명하시나이까 어찌하여 이스라엘로 죄가 있게 하시나이까…"

한때 다윗은 자신이 다스리는 이스라엘 왕국이 어느 정도 자리를 잡고 안정된 궤도에 이르자 교만해지고 사단의 시험에 빠져, 인구조사를 실시하라는 명령을 요압에게 내린 적이 있다. 그런데 위의 구절에서도 분명하게 확인할 수 있는 것은, 요압은 다윗의 인구조사에 관한 명령이 옳지 않음을 알고 그 명령을 철회해줄 것을 다윗에게 요청했다는 사실이다. 비록 상대가 하나님께서 귀하게 사용하신 사람이고 신분상으로도 순종해야 할 왕이었지만, 요압은 다윗의 명령이 잘못된 것임을 분별력 있게 판단하고 비교적 합당하게 처신한 적이 있었다는 것이다. 그런데 우리아를 죽게 하라고 명령을 받았을 때는 그렇지 못했던 것이다. 과연 요압은 다윗이 우리아를 죽게 한 범죄의 공범자로서의 책임을 면할 수 있을까? 천사장이던 루시퍼에게는 그 휘하에 많은 천사들이 있었고, 그 천사들은 하나님이 아닌 루시퍼에게 순종한 대가로 하나님으로부터는 지옥의 형벌을 받을 수밖에 없었다(마 25:41). 상관(上官)인 루시퍼에 대한 어리석은 순종은 곧 하나님께 대한 불순종이자 악(惡)이었기 때문이다. 우리아를 죽이라는 명령에 순종하는 것도 마찬가지이다. 그 순종이 다윗을 만족시켰는지는 모르지만, 하나님께는 분명한 악이었다(삼하 12:9). 요압은 다윗의 악행에 공범자가 되고 만 것이다.

이와는 대조적으로 맹목적인 순종을 단호하게 거부했던 좋은 예도 성경에서 찾아 볼 수 있다.

> (삼하 18:5-12) "왕이 요압과 아비새와 잇대에게 명령하여 이르되 나를 위하여 젊은 압살롬을 너그러이 대우하라 하니 왕이 압살롬을 위하여 모든 군지휘관에게 명령할 때에 백성들이 다 들으니라… 한 사람이 보고 요압에게 알려 이르되 내가 보니 압살롬이 상수리나무에 달렸더이다 하니 요압이 그 알린 사람에게 이르되 네가 보고 어찌하여 당장에 쳐서 땅에 떨어뜨리지 아니하였느냐 내가 네게 은 열 개와 띠 하나를 주었으리라 하는지라 그 사람이 요압에게 대답하되 내가 내 손에 은 천 개를 받는다 할지라도 나는 왕의 아들에게 손을 대지 아니하겠나이다 우리가 들었거니와 왕이 당신과 아비새와 잇대에게 명령하여 이르시기를 삼가 누구든지 젊은 압살롬을 해하지 말라 하셨나이다"

압살롬의 반역을 진압하는 과정에서 요압은 나무에 달려있는 압살롬을 발견한 '한 사람'에게 왜 그를 죽이지 않았냐며 호통쳤다. 그러나 그 사람은 다윗 왕의 명령을 기억했기 때문에 요압의 명령을 단호하게 거부했으며 요압이 제시한 물질적 상급의 유혹도 물리칠 수 있었다. 성경에 이 무명의 '한 사람'의 용기 있는 행동이 기록되어 있는 것에는 분명히 이유가 있으리라 믿는다. 이 성경의 기록을 읽고 있는 우리들에게도 옳지 않은 명령에 대하여 단호히 거부할 수 있는 판단력과 용기가 필요하지 않겠는가?

오늘날에도 교인들이 그릇된 목회자들의 비행에 이용되거나 동원되는 사례를 심심치 않게 볼 수 있다. 그들은 목회자들에 대한 무조건적인 순종이 마땅하다고 생각해서 그렇게 행동하는지 모르지만, 분명한 것은 그들은 그 목회자들의 비행에 공범이 되었다는 사실이고, 또 공범으로서의 책임을 피할 수 없다는 사실이다. 이렇듯 질서에 대한 무분별한 순종은 결국 스스로에게 치명적인 올무가 될 수 있다는 사실을 모든 그리스도인들은 반드시 기억해야 한다.

분별력을 구하라

(렘 5:30-31) “이 땅에 무섭고 놀라운 일이 있도다 선지자들은 거짓을 예언하며 제사장들은 자기 권력으로 다스리며 내 백성은 그것을 좋게 여기니 마지막에는 너희가 어찌하려느냐”

하나님께서 예레미야 선지자의 입을 통하여 하신 말씀이다. 하나님의 눈에도 무섭고 놀라운 일이 있었다. 도대체 어떠한 일이기에 전능하신 하나님께서 이런 표현까지 사용하셨을까? 그 일은 다름아닌 이스라엘이 하나님께 버림받고 망하게 된 세 가지 원인인 선지자들의 거짓 예언, 제사장들의 압제 그리고 백성들의 분별력 없음이었다. 선지자들과 제사장들의 오류와 타락은 어느 정도 예상 가능했지만 백성들의 무분별까지 하나님께서는 무섭고 놀라운 일이라고 판단하셨다는 사실이 처음엔 다소 충격이었다. 백성들이 선지자의 거짓 예언과 제사장들이 자기 권력으로 다스리는 것을 좋게 여겼다니…. 이스라엘의 멸망의 책임이 선지자들과 제사장들에게만 있는 것이 아니라 그들을 무분별하게 따랐던 백성들에게도 있다는 뜻이다.

오늘날에 교회가 잘못되면 모든 책임을 목회자들의 탓으로 돌리는 사람들이 많다. 그러나 이스라엘이 멸망하게 된 이유 중 하나가 백성들의 분별력 없음이었다면 오늘날 교회가 잘못되어가는 이유 중 하나도 교인들이 분별력 없이 목회자들을 따르고 좋아했기 때문일 수 있다. 한마디로 교회가 잘못되어가는 것에 교인들도 책임을 피할 수 없다는 뜻이다.

> (왕상 18:21) "엘리야가 모든 백성에게 가까이 나아가 이르되 너희가 어느 때까지 두 사이에서 머뭇머뭇하려느냐 여호와가 만일 하나님이면 그를 좇고 바알이 만일 하나님이면 그를 좇을지니라 하니 백성이 한 말도 대답지 아니하는지라"

분별력을 잃고 잘못된 종교적 인도자들을 따른 이스라엘 백성들에게 엘리야가 꾸짖었던 말이다. 백성들을 잘못 인도한 거짓 선지자들은 하나님께서 그 대가를 알아서 치르게 하실 것이다. 그러나 거짓 선지자들에게 미혹된 백성들 역시 결코 책임을 피할 수 없다. 분별하는 것은 항상 각자의 몫이었다. 분별력이란 내가 좋은 교회나 교단에 속해 있다고 해서 저절로 주어지는 것도 아니고, 척박한 환경에 살고 있다고 해서 얻을 수 없는 것도 아니다. 또 소속된 교회에 따라 단체로 주어지는 것이 아니라, 하나님 앞에서 바른 길을 가고자 하는 각 사람의 마음에 따라 개인적으로 소유할 수 있는 것이다. 순수했던 초대교회 시대에도 배도자와 그들을 따랐던 사람들이 있었으며, 암울했던 가톨릭 교회 내에서도 루터와 같이 분별하는 사람이 있었다. 거듭난 사람이 많은 교회에서도 분별력 없이 소속감 하나만으로 만족하며 사는 사람들도 있을 것이고, 이단이라고 불리는 교단에서도 간절하게 진리를 찾고자 사람도 있을 것이다.

종교개혁이 한창이던 시기에 가톨릭 진영에는 이그나티우스 로욜라(Ignatius de Loyola, 1491-1556)라는 신부가 있었다. 그는 로마 가톨릭 수도회인 예수회(Jesuits)의 설립자로서 종교개혁 세력에 대항했던 대표적인 가톨릭 신부였다. 그의 가톨릭 교회에 대한 충성심은 그가 했던 유명한 말을 통해서 세상에 알려졌다. "오, 교회가 내가 보는 흰색을 검다고 정한다면, 나는 그렇게 믿을 것이다." 이 얼마나 무지하고 무서운 말인가?

그런데 이와 같은 위험천만한 교회에 대한 맹신(盲信)이 오늘날엔 개신교의 일반 교인들 사이에도 만연하고 있다는 사실이다. 그래서 자기가 어떠한 교단 혹은 교회에 속해 있느냐를 따져보기 전에, 그 교회의 가르침이 정말 바른 교훈인지를 먼저 확인하는 것이 우선되어야 한다. 교회에서 가르치는 대로 따라가는 것은 쉬운 일이지만, 그것이 진리인지 따져보는 것은 때로는 귀찮고 번거로운 일일 수 있다. 그러나 그것이 번거롭고 어렵다고 해서 결코 쉽게 포기해서는 안 된다. 분별하는 것을 포기하거나 대충 타협하려는 것은 자기 영혼의 문제를 대충 타협하려는 것과 같다.

또 진리의 길을 걷기 위해서는 때로는 동료 기독교인들과의 동질감이나 소속감의 편안함을 포기해야 할지 모른다. 역사상 하나님께서 원하시는 진리의 길을 걷는 것이 쉬웠던 적보다는 힘들고 외로운 적이 훨씬 많았다. 지금도 마찬가지다. 넓고 편안한 길의 유혹을 물리쳐야 한다. 진리의 길은 항상 좁은 길이지만 생명으로 인도하는 유일한 길이라는 이유만으로 그 길을 선택하며 가야 한다. 교회나 목회자들을 정죄하기 위하여 함부로 판단하는 것은 바람직하지 않다. 그러나 자신의 신앙을 위해서는 분별해야 하며, 또 분별하기 위해서는 옳고 그름을 판단해야 한다. 분별력이 없으면 누구든지 거짓 선지자나 변질된 목회자의 피해자가 될 수 있다. 다시 한번 강조하지만 정죄를 위한 판단은 하나님의 몫이지만, 분별을 위한 판단은 각자의 몫임을 결코 잊어서는 안 될 것이다.

(약 1:5) "너희 중에 누구든지 지혜가 부족하거든 모든 사람에게 후히 주시고 꾸짖지 아니하시는 하나님께 구하라 그리하면 주시리라"

야고보가 보증하고 있는 위로부터 얻을 수 있는 신령한 지혜란 무엇일까? 그것은 반드시 솔로몬이 얻었던 것처럼 세상에 관한 모든 지식과 지혜이어야만 하는 것은 아니다. 하나님께서 우리에게 주고자 하시는 지혜는 우리의 신앙생활에 필요한 영적인 지혜일 수도 있고, 교회에 관한 지혜일 수도 있다. 그래서 올바른 교회를 찾을 수 있는 지혜를 구하고, 그 교회에서 분별력을 가지고 생활 할 수 있는 지혜를 구해야 한다.

분별력이 없이는 하나님의 뜻을 알 수도 없고 하나님 편에 설 수도 없다. 지혜를 구하는 자에게 후히 주시겠다는 하나님의 약속이 있음에도 불구하고 여전히 분별력이 부족하다면, 그 이유는 구하지 않았기 때문일 수 있다(약 4:2). 또한 구하지 않는 이유는 아마도 현실에 안주하기 때문일지 모른다. 따라서 옳지 않은 교회의 실상을 목격하거든 무작정 안주하려 하지 말고 지혜와 분별력을 구해야 한다. 그러나 기도만 한다고 해서 지혜와 분별력이 저절로 생기는 것이 아니다. 기도해야 할 만큼 간절하다면 공부를 하게 될 것이다. 땅에 묻힌 보물을 찾는 마음으로 성경을 보고 공부하고 묵상하자. 분별력이나 지혜는 지능이 높은 사람에게 주어지는 것이 아니라, 간절히 구하는 자에게 주어지는 것임을 잊지 말자.

온전한 교회가 아닌 최선의 교회를 찾으라

성경적인 기준에 딱 맞는 참된 하나님의 교회와 참된 목회자를 찾는 것은 결코 쉬운 일이 아닌 것 같다. 그렇다고 해서 참된 교회를 찾는 것을 포기해버리거나 아무 교회나 출석하는 것 또한 결코 바람직한 일이 아니다. 100% 온전한 교회는 찾기 어려울지 모르지만, 적어도 거듭난 하나님의 자녀들이 모여 하나님의 뜻대로 살고자 하는 하나님의 교회는 분명히 찾을 수 있을 것이다.

교회나 교단에 따라 부분적인 교리 차이나 교회관의 차이가 있을 수 있지만, 진정한 하나님의 교회라면 하나님의 자녀로 거듭나는 과정에 있어서는 차이가 있을 수 없다. 그래서 칼빈주의자들과 알미니안주의자들은 예정론이나 성도의 견인에 관한 교리에 있어서는 이견을 보이며 교리적 논쟁을 계속하고 있지만, 상대방 진영의 그리스도인들이 거듭난 하나님의 자녀의 무리라는 점은 의도적으로 부정하지 않는다. 그래서 교파나 교단을 불문하고 우선 거듭난 하나님의 자녀들이 모인 곳을 찾아야 한다. 하나님의 자녀로 거듭나는 영혼이 많은 교회를 찾기 위해서는 먼저 올바른 구원관을 가지고 있는 교회를 찾아야 한다. 혹시라도 성경의 핵심적인 가르침인 영혼의 구원에 관하여 잘못 가르치거나 영혼의 양식보다는 육신의 복을 강조하는 교회에 속해 있다면 미련을 두지 말고 그곳을 떠나길 바란다. 그곳은 하나님의 교회가 아닌 사람의 교회일 가능성이 크다. 그곳에 계속 머문다면 결국 자신의 영혼까지 망칠 수 있기 때문이다.

반대로 자신의 영혼의 문제, 즉 영원한 생명을 얻을 수 있도록 옳은 길로 인도해주는 교회가 있다면, 그 무리와 함께하라고 권하고 싶다. 설령 다른 부분에 교리적 견해차이가 있다 할지라도 가장 핵심적인 복음의 교리가 올바르다면 머무를 만한 충분한 가치가 있다고 생각한다. 그러나 참된 구원의 방법을 가르치는 무리들 중에서도 자신들만이 진정한 교회이며 자신들의 가르침만이 진리라고 주장하는 자부심에 가득 찬 교단이나 교회는 주의해서 지켜볼 필요가 있다. 이런 교회일수록 교만이나 독단에 빠지기 쉽고, 교회의 권위를 앞세워 교인들 위에 군림하기 쉽고 결국에는 교회가 변질될 가능성이 농후하기 때문이다. 예를 들면 요한계시록에 등장하는 아시아의 일곱 교회

중에 라오디게아 교회는 스스로 부족한 것이 없다고 생각한 교회였다. 그러나 주님의 평가는 그들의 생각과 전혀 달랐다.

> (계 3:14-18) "라오디게아 교회의 사자에게 편지하라…, 네가 말하기를 나는 부자라 부요하여 부족한 것이 없다 하나 네 곤고한 것과 가련한 것과 가난한 것과 눈먼 것과 벌거벗은 것을 알지 못하는도다 내가 너를 원하노니 내게서 불로 연단한 금을 사서 부요하게 하고 흰 옷을 사서 입어 벌거벗은 수치를 보이지 않게 하고 안약을 사서 눈에 발라 보게 하라"

라오디게아 교회는 자신들이 벌거벗은 것도 깨닫지 못하고 있었으며, 눈이 멀어 볼 수 없다는 사실도 깨닫지 못하고 있었다. 그러면서도 스스로 부족함이 없다고 자부하고 있었던 것이다. 만일 어떤 사람이 자신은 모자람이 없는 그리스도인라고 말한다면, 그는 자신에 대해서 잘 모르거나 아니면 진정한 그리스도인이 아닐 가능성이 클 것이다. 교회도 마찬가지다. 아무리 참된 복음을 전하는 것에 매진하는 교회라 할지라도 사람들이 모인 모임은 부족함이 없을 수 없고, 부족함을 깨달을수록 겸손해질 수밖에 없다.

하나님은 부족함이 없으시고 주님도 부족함이 없으시지만, 그것이 교회가 부족하지 않다는 것을 의미하는 것은 아니다.

오히려 자신들의 부족함에 대하여 잘 알고 있는 교회일수록 더 합당한 교회일 가능성이 크다고 할 수 있다. 빌라델비아 교회는 작은 능력을 가진 교회였으나, 그 작은 능력으로 주님의 말씀을 지키며 주님의 이름을 끝까지 배반치 않았다는 평가를 받았다.

> (계 3:7-8) "빌라델비아 교회의 사자에게 편지하라…, 내가 네 행위를 아노니 네가 작은 능력을 가지고서도 내 말을 지키며 내 이름을 배반하지 아니하였도다"

자신들의 부족함을 더 많이 깨달을수록 하나님의 도우심과 인도하심을 더 많이 바라고 하나님께 더 의지할 수 있기 때문이었을 것이다.

교회에서 목회자의 위치는 너무 중요하고 영향력도 커서, 목회자의 영적 자질에 따라 교회나 교단 전체가 좌우될 수 있다는 것은 분명한 사실이다. 뿐만 아니라 목사 제도 하에서는 교회의 권력이 목사에게 집중될 수 있고, 그로 인해 목사들이 변질될 가능성이 있으며, 더 나아가 교회까지 변질될 수 있다는 것도 사실이다. 이러한 이유로 '차라리 목사 제도를 두지 않는 편이 낫지 않을까' 하고 생각하는 사람들이 있었다. 이들은 목사나 감독 제도와 같은 수직적인 조직을 거부하고 모두 동등한 위치의 형제자매로만 구성된 평신도 교회(혹은 무교회주의)를 탄생시켰다. 형제교회(Brethren church)나 지방교회(회복교회, Recovery church) 그리고 미국의 퀘이커 교도(Quakers)들과 같은 교단들이 대표적인 평신도 교회들이다.

그렇다면 목사 제도를 없애고 모두 동일하게 형제자매로만 부르는 평신도 교회나 무교회주의의 교회가 목사 제도의 교회들보다 나은 것일까? 그리고 앞서 제기된 교회에서 발생할 수 있는 모든 문제들을 해결해줄 수 있을까? 세상에는 부패한 권력자들에 의해 만들어진 부패한 정부들이 많다. 그래서 정부의 권력 혹은 지배하는 권력을 부정하는 무정부주의자들(anarchist)이 생겨났다. 그렇다면 정말 정부가 없는 것이 있는 것보다 더 나을까? 사실은 정부가 부패한 것이 문제이지, 정부라는 체제 자체가 반드시 문제라고는 할 수 없다. 마찬가지로 교회의 목회자들이나 직분자들이 타락한 것이 문제이지, 교회 안에 있는 많은 직분들 자체가 문제는 아니다.

참고로, 목사나 집사 혹은 장로와 같은 직분들은 원래 호칭(title)이 아니라 교회에서의 주어진 역할의 명칭, 즉 말 그대로 직분(office)일 뿐이었다. 그래서 할 수만 있다면 직분을 호칭으로 부르지 않는 편이 훨씬 안전할 것이라고 생각된다. 왜냐하면 직분에 따른 호칭의 사용은 교회 안에서 바람직하지 않은 상하 계급으로 여겨질 가능성이 있고, 또 이것은 성도들을 주장할 수 있는 위치가 생길 수 있기 때문이다. 그래서 목사나 장로와 같은 직분은 두되 그것을 호칭으로 사용하지 않고 모두 형제자매로 부르며 지내는 것이 훨씬 바람직해보인다(행 15:23).

그러나 직분이 맡겨진 사람들에게 그 직분에 해당하는 호칭을 사용한다고 해서 그것이 반드시 문제를 일으킨다고도 말할 수 없다. 스스로 높아질 수 있다는 경계심을 유지하면서 하나님의 일꾼으로 귀하게 쓰임 받은 직분자들이 역사에 많이 있어 왔고, 항상 겸손한 태도로 성도를 대함으로써 오히려 많은 사람들에게 존경 받은 훌륭한 목사들도 많이 있었기 때문이다. 뿐만 아니라 평신도 교회를 자세히 살펴보면 그들 속에도 가르치는 사람도 있고 인도하는 사람들도 있고 앞장서서 일하는 사람도 있다. 호칭에 있어서만 구별을 두지 않고 동일하게 형제 혹은 자매라고 부르고 있을 뿐이지, 결국에는 목사나 교사 또 감독이나 장로 그리고 집사와 같은 직분이 생길 수밖에 없다. 그러다 보면 목사 제도에서 발생하는 문제들과 비슷한 문제들을 겪을 수밖에 없다. 그래서 평신도 교회라고 해서 모든 문제를 해결해주는 것도 아니고 반드시 더 좋은 교회의 모습이라고도 할 수 없다.

교회 안의 많은 직분들은 사도들을 통해 권고된 것이기도 하다. 그래서 호칭과 상관없이 각자의 직분들을 잘 행한다면, 교회를 훨씬 효율적으로 잘 해나가고 아름다운 교회의 모습을 이룰 수 있을 것으로 믿는다.

(딤전 3:13) "집사의 직분을 잘한 자들은 아름다운 지위와 그리스도 예수 안에 있는 믿음에 큰 담력을 얻느니라"

어차피 이 세상에서 흠결이 없고 교리적으로도 오류가 없는 완전한 교단이나 완전한 지역교회를 찾는다는 것은 불가능하다. 지역교회를 구성하는 사람들 자체가 불완전하기 때문에, 그 불완전한 사람들이 모인 무리도 불완전할 수밖에 없다. 그러나 불완전하다는 것이 반드시 하나님께 쓰임을 받지 못한다거나 성령의 역사가 일어나지 않는다는 것을 의미하는 것은 아니다. 따라서 불완전하더라도 성령이 역사하는 곳이라면 함께 머물며 동역하는 것은 충분히 권장할 만한 일이다.

그러나 다시 한번 강조하지만, 여러분이 머물고 있는 그 교회가 완전한 교회 혹은 절대적 교회라고 절대 착각하지 말기를 바란다. 그렇게 착각하기 시작하는 순간, 교회에 대한 잘못된 환상에 빠지게 되고, 맹목적인 충성과 헌신을 요구하는 목회자의 희생자가 될 수 있기 때문이다. 아마 당신이 그곳에 머물고 싶은 이유는 당신이 그곳에서 거듭나게 되어 영적인 고향처럼 느끼고 있기 때문이거나, 아니면 그곳 생활에 이미 익숙해져서 편안함을 느끼고 있기 때문이거나, 또 아니면 그곳의 교회생활에 대체로 만족하기 때문일 수 있다. 어쨌든 여러분이 머물고 있는 교회가 앞서 1장에서 배운 하나님의 교회의 조건에 상당 부분 부합한다면, 그곳에 머물면서 당신을 위한 성령의 인도하심을 기다려보기를 권유하는 바이다.

만약 합당한 교회를 간절히 구하는데도 여전히 머물만한 교회를 찾지 못했다면 그것은 어쩌면 하나님께서 일부러 당신을 사람들(교회)로부터 분리하시는 것일 수 있다. 그 분리의 시간은 하나님과 더 깊은 교제를 위해 하나님의 산으로 초대되는 시간일 수도 있고 아니면 사람보다 하나님께만 더 집중할 수 있도록 훈련받는 시간일 수도 있다. 따라서 성령의 인도하심을 바라면서 하나님과의 독대의 시간 혹은 연단의 시간을 묵묵히 채워보기를 바란다. 그 과정에서 자연스럽게 참된 교회에 관하여 더욱 묵상하게 될 것이고 교회의 소중함도 더욱 절실하게 느끼게 될 것이다. 더불어 영적으로 더 겸손해지고 성숙해진 자기 자신을 발견할 수 있을지도 모른다. 때가 되면 그 시간이 필요했던 이유를 이해할 때가 반드시 올 것이다.

맺음말

목회자와 선교사로서 살았던 10여년의 짧은 경험과 또 개인적으로 그동안 공부하고 연구하면서 쌓아온 성경 지식을 바탕으로 오늘날 여러 교회들에서 발견되고 있는 오류들과 오해들을 바로잡고자 노력했다. 가능한 한 간단하고 이해하기 쉽게 정리할 수 있도록 기도 가운데 노력했지만, 여전히 부족한 부분들도 많이 있을 것이라고 생각한다.

(딛 2:1) "오직 너는 바른 교훈에 합한 것을 말하여"

이 말씀은 이 책에 앞서 발간한 『이미 구원받았다는 착각』(부제:구원에 관한 오해와 진실)이라는 책을 맺으면서도 인용한 적이 있다. 하나님의 말씀을 전함에 있어서 먼저 말씀을 올바르게 분별하고 또 분별한 말씀을 사심 없이 올바르게 전달하는 것은 말씀을 전하는 자에게 가장 우선적으로 요구되는 자질일 것이다. 그래서 설교가 되었건 글쓰기가 되었건 간에 본절은 필자에게 가장 중요한 모토가 되어오고 있다.

필자는 본서에 정리된 내용들이 성경적이며 바른 교훈이라는 확신을 가지고 있으나, 스스로 인지하지도 못하고 있을 수 있는 오류의 가능성은 항상 열어두고 있다. 만약 본서에서 교리적인 오류나 실수를 발견할 경우, 필자의 이메일(leebyungha70@gmail.com)이나 다른 SNS(카카오톡 ID: leebyungha70)로 알려주기를 부탁드린다. 아울러 본서의 수정사항이나 개정사항이 생길 경우, 네이버카페(cafe.naver.com/knowright)에 업데이트하도록 하겠다.

주 예수 그리스도의 사랑과 은혜가 이 글을 읽는 모든 이들에게 함께하길 바란다.